Müller
Über Gedächtnis, Erinnern und Wiedererinnerung

Jörn Müller

Albertus Magnus über Gedächtnis, Erinnern und Wiedererinnerung

Eine philosophische Lektüre von *De memoria et reminiscentia* mit Übersetzung

Aschendorff Verlag

Lectio Albertina
Band 17

© 2017 Aschendorff Verlag GmbH & Co. KG, Münster

Gedruckt auf säurefreiem, alterungsbeständigem Papier

Fotografie und Umschlaggestaltung: Rüdiger Block, Hürth
Satz: Albertus-Magnus-Institut, Bonn
TUSTEP-Satzprogramm bereitgestellt von Dr. Michael Trauth, Trier

Printed in Germany

ISBN 978–3–402–11198–7

Inhalt

Albertus Magnus über Gedächtnis, Erinnern und Wiedererinnerung

Eine philosophische Lektüre von *De memoria et reminiscentia* mit Übersetzung

Jörn Müller, Würzburg

> Wir wissen heute, dass Erinnerungen nicht ein für alle Mal festgelegt oder eingefroren sind – wie in dem Proust'schen Bild von den Einweckgläsern in der Speisekammer –, sondern mit jedem Gedächtnisakt verwandelt, zerlegt, neu zusammengesetzt und rekategorisiert werden.
>
> Oliver Sacks[*]

0. Einleitung

Das Gedächtnis in seinen verschiedenen Erscheinungsformen ist in den letzten Jahrzehnten zu einem zentralen Gegenstand verschiedener Forschungszweige geworden, in der Philosophie ebenso wie in der empirischen Psychologie, den Neurowissenschaften, der Soziologie sowie den Geschichts-, Literatur- und Kulturwissenschaften. Diese neueren ›memory studies‹ bilden in ihrer Vielfalt somit unverkennbar einen Kristallisationspunkt der ›zwei Kulturen‹ von geisteswissenschaftlicher und empirischer Forschung, der auch zu interdisziplinären Brückenschlägen einlädt.[1] Zugleich sind Gedächtnis und Erinnerung natürlich Erfahrungen, die uns persönlich sehr nahe stehen – und für die vielleicht gerade deshalb in ähnlicher Form das gilt, was Augustinus (dem die Entwicklung des philosophischen *memoria*-Konzeptes äußerst viel zu verdanken hat) in seinen *Bekenntnissen* einmal über die Zeit gesagt hat:[2] Sie sind Phänomene, die in ihrer Unmittelbarkeit prima facie selbstverständlich sind,

---

[*] *Drachen, Doppelgänger und Dämonen. Über Menschen mit Halluzinationen*, übers. v. Hainer Kober, Reinbek 2014, 177.

1 Vgl. hierzu die Einleitung in NIKULIN 2015, 3–34.

2 Vgl. AUGUSTINUS, *Confessiones* XI, 17 (CCSL 27), p. 202.

jedoch bei näherem Hinsehen den Bemühungen um eine präzise Definition und inhaltliche Klärung einigen Widerstand entgegensetzen. Die neueren wissenschaftlichen Bemühungen in diesem Bereich bestätigen nicht zuletzt in ihrer Vielfältigkeit und Multiperspektivität diesen Befund: Die Rede von ›dem‹ Gedächtnis bzw. ›der‹ Erinnerung vereinfacht unzulässig, was sich in der Lebenswirklichkeit und in der Forschung als ein höchst heterogenes Gebilde darstellt.

Partiell gegenläufig zu dem soeben Gesagten kann man nun allerdings auch Folgendes diagnostizieren: In unseren digitalisierten Zeiten scheint zumindest das individuelle Gedächtnis immer mehr an Bedeutung zu verlieren – auf *Wikipedia* kann man ja durch ein paar Mouse-Clicks sowieso alles Wichtige schnell nachlesen, so dass man sich scheinbar nichts mehr merken muss (außer dem Zugangscode für den Rechner oder das Smartphone); und für die Archivierung der persönlichen Erinnerungen hat man ja letztlich seine Facebook-Seite. Ein gutes Gedächtnis zu haben, scheint folglich heute nur für die bedauerlichen Menschen erforderlich zu sein, die keinen Internet-Zugang haben (oder wollen). Das war nun in der zutiefst ›analogen‹ Kultur des Mittelalters noch ganz anders: Dort war das mit höchster Effizienz funktionierende persönliche Gedächtnis das herausragende Merkmal des Intellektuellen.[3] Die Bedeutung der *memoria* für die mittelalterliche Kultur ist de facto kaum zu überschätzen, wie zahlreiche einschlägige Publikationen zur Thematik belegen.[4] Dabei fällt allerdings auf, dass insbesondere übergreifende problemgeschichtliche Betrachtungen zur Entwicklung der philosophischen Gedächtnistheorien im Mittelalter eher rar gesät sind.[5] Das ist wohl nicht dem Mangel an Material hierzu geschuldet, sondern eher dessen Überfülle: Denn das Gedächtnis war ein häufiger und regelmäßiger Gegenstand der theologischen und philosophischen Reflexion im wissenschaftlichen Schrifttum des Mittelalters.

Vor diesem Hintergrund verwundert es nicht, dass die Phänomene von Gedächtnis und Erinnerung auch im Werk von Albertus Magnus immer wieder – und teilweise sogar sehr ausführlich – diskutiert werden. Wie Henryk Anzulewicz ebenso detailliert wie instruktiv nachgezeichnet hat, finden sich

---

3   Viele mittelalterliche Biographen verweisen z. B. auf die phänomenalen Gedächtnisfähigkeiten von Thomas von Aquin; vgl. YATES 1990, 69.

4   Die eindrücklichste und ausführlichste Darstellung dieser ›memorialen Kultur‹ des Mittalters bietet CARRUTHERS 2008.

5   Immer noch grundlegend ist hier v. a. die Arbeit von COLEMAN 1992, die sich in erster Linie auf die epistemologische Bedeutung der mittelalterlichen *memoria*-Lehren fokussiert; für einen Überblick der gesamten Entwicklung von Augustinus bis ins Hochmittelalter vgl. MÜLLER 2015a. Zur Bedeutung der philosophischen Theorien im Mittelalter für die Entwicklung der Mnemotechnik vgl. YATES 1990, Kap. 3–5.

zahlreiche Erörterungen in seinem ganzen Œuvre, von seinen Frühschriften bis zur späten *Summa theologiae*, in philosophischen wie in theologischen Schriften.[6] Diese eindrucksvolle Gesamtschau offenbart die enorme werkimmanente Bedeutung dieses Konzepts bei Albert in seiner ganzen Breite. Die Position Alberts in der philosophiehistorischen Entwicklung des Gedächtnisbegriffs ist zwar schon verschiedentlich in der Forschung gewürdigt worden, aber hier mangelt es tendenziell an einem eindeutigen Tenor, wie der Beitrag Alberts denn qualitativ einzuschätzen ist.[7] Gerade diese Ambivalenz des problemgeschichtlichen Befundes fordert zu einer erneuten Auseinandersetzung mit dieser Thematik heraus, wie sie im Folgenden in Angriff genommen werden soll. Dabei sollen die zentralen philosophischen Ideen und einige leitmotivische Grundkonzepte von Albert in diesem Themenfeld analysiert werden, und zwar durch eine fokussierte Lektüre seiner Schrift *De memoria et reminiscentia* [ab hier: *DMR*]. Direkten Anlass dazu bietet nicht zuletzt der Umstand, dass dank der verdienstvollen Tätigkeit von Silvia Donati derjenige Faszikel der *Editio Coloniensis*, in dem dieses Werk ediert wird, nahezu zeitgleich zur vorliegenden *Lectio Albertina* im Druck erscheint.[8] Damit stand zur Vorbereitung meines Texts also im Gegensatz zu der vorherigen – und in vielerlei Hinsicht mangelhaften – Borgnet-Ausgabe,[9] auf der die bisherigen Deutungen dieses für die Thematik zentralen Werks weitgehend beruhten, ein kritisch gesicherter Text dieser Schrift zur Verfügung, der eine fundierte wissenschaftliche Auseinandersetzung erstmalig erlaubte.[10] Der gezielte Zugriff auf die Thematik mittels dieses Werks empfiehlt sich aber auch wegen der grundlegenden Bedeutung, welche die von Albert kommentierte Schrift von Aristoteles für bestimmte Teile der antiken und mittelalterlichen Debatte über Gedächtnis und Erinnern besaß; dies gilt an erster Stelle für die arabischen Denker wie Avicenna und Averroes, die mit ihren eigenen Ausführungen zur Thematik ihrerseits einen nachhaltigen Einfluss auf die Rezeption des

---

6 Vgl. ANZULEWICZ 2005, der alle relevanten Stellen im albertinischen Œuvre bietet und diskutiert.

7 Für die Rekonstruktion und Beurteilung der Bemühungen Alberts in der neueren Forschung vgl. YATES 1990, 61–69; COLEMAN 1992, 416–419; BLOCH 2007, 179–195; DI MARTINO 2008, 132–138; CARRUTHERS 2008, 172–179; MÜLLER 2015a, 110–120. Auf diese Einschätzungen werde ich unten in Teil 4 differenzierter zu sprechen kommen.

8 ALBERTUS MAGNUS, *De memoria et reminiscentia*, ed. Silvia Donati (Ed. Colon. 7/2A), p. 113–137.

9 ALBERTUS MAGNUS, *De memoria et reminiscentia*, ed. A. Borgnet (Ed. Paris. 9), p. 97–118.

10 Ich möchte die Gelegenheit nutzen, mich nochmals bei Silvia Donati dafür zu bedanken, dass sie mir den Text der kritischen Edition bereits vorab zu Verfügung gestellt hat, wovon ich bereits bei der Abfassung eines vorherigen Aufsatzes (MÜLLER 2015a) Gebrauch machen durfte.

aristotelischen Gedankenguts im lateinischen Mittelalter ausübten.[11] Die Fokussierung auf Alberts Kommentar zur Rekonstruktion zentraler Ideen seiner Lehre von Gedächtnis und Erinnerung erscheint also nicht nur vor dem oben skizzierten philologischen Hintergrund, sondern auch aus philosophiehistorischen Überlegungen heraus sinnvoll. Auf andere Schriften bzw. Äußerungen Alberts zur Thematik wird v. a. an den Stellen hingewiesen bzw. eingegangen, wo dadurch ein besseres oder vertieftes Verständnis der diskutierten Passagen aus *DMR* ermöglicht wird.

Das *Ziel* meiner folgenden Darlegungen ist es dabei, den in der bisherigen problemgeschichtlichen Forschung zum Gedächtnisbegriff tendenziell vernachlässigten oder falsch eingeschätzten Beitrag von Albert zu diesem Thema besser greifbar zu machen und philosophisch zu verorten. Meine hauptsächliche *These* lautet dabei, dass Albert die Phänomene von Gedächtnis und Wiedererinnerung im wesentlichen akthaft auffasst, also nicht so sehr als Speicherung oder Ablage von Informationen, sondern primär von den Tätigkeiten aus, mit denen diese aktiviert bzw. abgerufen werden. Was Oliver Sacks in dem als Motto oben vorangestellten Zitat als wesentliches Resultat neuerer Untersuchungen zum Gedächtnisbegriff reklamiert, nämlich die Abkehr von einer Deutung als passivem Speicher zu Gunsten eines dynamischen Verständnisses, lässt sich m. E. zumindest in der Grundkonzeption bereits bei Albert festmachen.[12]

Um diese Deutung zu erhärten, gehe ich in folgenden Schritten vor: Den Anfang macht eine Verortung der Schrift in Alberts eigenem philosophischen Projekt sowie in der Tradition der Kommentierung der aristotelischen *Parva Naturalia* (Teil 1). Danach wird der spezifische hermeneutische Rahmen nachgezeichnet, den Albert selbst für das Verständnis seiner eigenen Ausdeutung der Schrift absteckt (Teil 2). Das Zentrum meiner Analyse bilden dann Überlegungen zu den beiden Schlüsselkonzepten *memoria* und *reminiscentia*, die in den zwei Traktaten von Alberts *DMR* sukzessive zur Darstellung gebracht und in der Substanz von ihm akthaft charakterisiert werden (Teil 3). Von den Resultaten dieser philosophischen Lektüre aus wird dann in kritischer Auseinandersetzung mit der jüngeren Forschung eine Würdigung des problemgeschichtlichen Beitrags von Albert vollzogen (Teil 4). Abgerundet wird das Unternehmen mit einer vollständigen Übersetzung der Schrift auf der Basis der neu erschienenen kritischen Edition (Teil 5); diese soll es den daran Interessierten ermöglichen,

---

11 Vgl. COLEMAN 1992, Kap. 15 und 18, sowie DI MARTINO 2007 und DIES. 2008, bes. 123–138.

12 Zur Unterscheidung eines statischen Gedächtniskonzepts (als bloßer Reaktivierung von festgelegten Gedächtnisspuren) von einem dynamischen Prozess des Erinnerns, die für die moderne Forschung grundlegend ist, vgl. schon BARTLETT 1932, bes. 202–214.

über die in der philosophischen Analyse zwangsläufig eher ausschnittsartig dargebotenen Inhalte hinaus ein vollständigeres Bild vom Reichtum dieses Werks zu gewinnen.

1. Vorbemerkungen zu *De memoria et reminiscentia*

Die Schrift *DMR* reiht sich nahtlos in das groß angelegte Projekt ein, das Albert um 1250 mit seinem Kommentar zur *Physik* des Aristoteles begonnen hat: Im Rahmen einer Kommentierung des gesamten damals bekannten *Corpus Aristotelicum* möchte er seinen lateinischen Zeitgenossen die Gedankenwelt von Aristoteles zugänglich machen bzw. erschließen.[13] Damit reagiert Albert auf die zentrale intellektuelle Herausforderung, die an den sich seit 1200 konstituierenden Universitäten immer deutlicher sichtbar wurde: Durch Übersetzungen aus dem Griechischen und Arabischen im 12. und 13. Jahrhundert wurden die Werke des Aristoteles zunehmend zur geistesgeschichtlichen Determinante der Diskussionen, wie sie sowohl an der *artes*-Fakultät wie auch an der theologischen Fakultät der Universitäten geführt wurden. Vor allem die Rezeption seiner Naturphilosophie, der *scientia naturalis*, erwies sich dabei allerdings als ein Kampfplatz erbitterter Streitigkeiten, denn einige aristotelische Thesen, wie z. B. die von der Ewigkeit – und d. h.: Unerschaffenheit – der Welt, standen natürlich in flagrantem Widerspruch zum christlichen Glauben. Nun hielt Albert gerade in allen naturphilosophischen bzw. -wissenschaftlichen Fragen Aristoteles für eine äußerst maßgebliche Autorität.[14] Sein Kommentarprojekt ist deshalb in puncto Naturphilosophie neben dem Bemühen um luzide inhaltliche Klärung immer zugleich von einer Art rehabilitativen Impetus angetrieben: Durch die hermeneutische Erschließung der aristotelischen Schriften soll letztlich deren inhaltlicher Wahrheitsanspruch angemessen ins Recht gesetzt werden, und zwar gerade im Bereich der besonders kontroversen *scientia naturalis*.

In diesem größeren ideengeschichtlichen und thematischen Kontext ist nun der Kommentar Alberts zu Aristoteles' Schrift *DMR* anzusiedeln. Gedächtnis und Erinnerung sind Phänomene der Seelenlehre, die nach Aristoteles Teil der Naturphilosophie bzw. -wissenschaft ist, worin Albert ihm prinzipiell folgt.[15] Die

13 Vgl. Albertus Magnus, *Physica* l. 1 tr. 1 c. 1 (Ed. Colon. 4/1), p. 1 v. 9–49.

14 Vgl. z. B. Albertus Magnus, *In II Sent.* d. 13 a. 2 (Ed. Paris. 27), p. 217a.

15 Vgl. Alberts detaillierte Unterteilung der Naturwissenschaft und ihre Verteilung auf verschiedene Schriften in *Physica* l. 1 tr. 1 c. 4 (Ed. Colon. 4/1), p. 6 v. 39 – p. 7 v. 79. Zur Naturwissenschaft als netzwerkartigem System eigenständiger Disziplinen bei Albert vgl. Donati 2011 und Honnefelder 2012, 14–19. Zu seinem Verständnis der Psychologie als naturphilosophischer Seelenlehre vgl. auch Albertus-Magnus-Institut 2011, 165–227 (mit Übersetzung von Alberts grundlegenden Ausführungen hierzu in *De anima* l. 1 tr. 1 durch H. Anzulewicz).

Grundlegung dieser naturwissenschaftlich orientierten Psychologie erfolgt in der Schrift *Über die Seele* (*De anima*), die aber von Aristoteles ergänzt wird durch eine Reihe von kleineren Traktaten, insgesamt sieben an der Zahl, die sich mit spezielleren Phänomenen beschäftigen.[16] Diese Schriftengruppe der sog. *Parva naturalia* befasst sich, wie Albert zutreffend vermerkt, mit Zuständen und Tätigkeiten, die aus dem Zusammenwirken der Seele mit dem Körper hervorgehen,[17] wie etwa Schlaf und Träumen, den organischen Prozessen des Lebens, Alterns und Sterbens – und eben auch mit Gedächtnis und Erinnerung.

Albert fasst die *Parva Naturalia* wesentlich als ein naturphilosophisches Komplement zu *De anima* auf und kommentiert sie im Anschluss an seine Paraphrase zu diesem Werk, wohl in den Jahren zwischen 1255 und 1260; de facto gibt er dieser in der vorherigen Tradition stellenweise etwas stiefmütterlich behandelten Schriftengruppe dabei eine grundlegende Stellung in der Rekonstruktion der aristotelischen Psychologie.[18] Sein Kommentar zu *DMR* ist von der literarischen Gattung her eine Paraphrase und kein Literalkommentar: Albert kommentiert den aristotelischen Text also nicht Wort für Wort bzw. Zeile für Zeile, sondern arbeitet die Bestandteile der aristotelischen Vorlage sozusagen bausteinartig in eine freie Wiedergabe des Gedankens ein, die aber mit entsprechenden Erläuterungen über den ursprünglichen Text hinaus angereichert wird. Basis der albertinischen Kommentierung ist die bereits im 12. Jahrhundert durch Jakob von Venedig angefertigte ältere Übersetzung (*Translatio Vetus*), die erst in den 1260er Jahren durch eine neue Übertragung (*Translatio Nova*) von Wilhelm von Moerbeke (die dann z. B. Thomas von Aquin für seinen Kommentar nutzte) abgelöst wurde.[19] Die Qualität der Übersetzung Jakobs ist bedauerlicherweise nicht allzu hoch und an einigen Stellen de facto sinnentstellend, wie Silvia Donati für *DMR* an einem instruktiven Beispiel aufgezeigt hat.[20] In der griechischen Antike gab es zu dieser

---

16 Zu den *Parva Naturalia* des Aristoteles vgl. MOREL 2003; zu ihrer Rezeption in Antike und Mittelalter vgl. die Beiträge in GRELLARD / MOREL 2010 (insbesondere den Artikel von R. Hansberger zur Transmission ins Arabische) sowie den Überblick über die mittelalterlichen Kommentare von DE LEEMANS 2011.

17 ALBERTUS MAGNUS, *DMR* tr. 1 c. 1 (Ed. Colon. 7/2A), p. 113 v. 8–9 (»cum agamus de communibus animae et corporis animati«). Vgl. auch ALBERTUS MAGNUS, *De sensu et sensato* l. 1 tr. 1 c. 1 (Ed. Colon. 7/2A), p. 20 v. 58–61.

18 Vgl. hierzu und zum Folgenden die detaillierten Darlegungen in DONATI 2012, bes. 345–353, sowie in ihren Prolegomena zur gerade erschienenen kritischen Edition, wo die relevanten philologischen und überlieferungsgeschichtlichen Hintergründe ausgeleuchtet werden.

19 Zur *Translatio Vetus* vgl. DONATI 2009, 517–521; zur *Translatio Nova* vgl. GAUTHIER 1985 43*–80*.

20 Vgl. DONATI 2009, bes. 521–527 zu *DMR* c. 2 (453 a 14 – b 4).

Schrift nur wenige eigene Kommentare (von denen uns keine lateinischen Über-setzungen bekannt sind). In der arabischen Tradition wurde zwar thematisch direkt auf Aristoteles' Werk rekurriert, aber nicht in Gestalt von am Originaltext orientierten Kommentaren; und im lateinischen Mittelalter lief die Kommentierung dieser Schrift erst um 1240 an.[21] Die Schwierigkeiten für das Verständnis dieses Werks, denen Albert sich gegenüber sah, waren also beträchtlich. Umso dringlicher erscheint deshalb für diese Schrift im Besonderen das Anliegen, das er mit seiner Aristoteles-Kommentierung grundsätzlich verfolgt: nämlich überhaupt erst einmal den genuinen Sinn des aristotelischen Textes zu erschließen. Dieses hermeneutische Unterfangen geht er nun auf eine höchst aufschlussreiche, ja geradezu programmatische Weise an, die er selbst in zwei Digressionen innerhalb dieses Werks erläutert.

2. Alberts programmatische Berufung auf die peripatetische Tradition

Der Einstieg in das Sujet bzw. in die Schrift, den Albert vollzieht, mag auf den ersten Blick überraschen. Denn nach einem kurz gehaltenen, aber im Lichte meiner späteren Analysen schon signifikanten thematischen Hinweis, dass es nun im Rahmen der seelischen Phänomene um das *memorari*, also um die Tätigkeit des Sich-Erinnerns geht, ergänzt er:

> »Weil aber nach meinem Dafürhalten nahezu alle lateinischen Autoren in der Erkenntnis dieser Kräfte, die wir Gedächtnis (*memoria*) und Wiedererinnerung (*reminiscentia*) nennen, in die Irre gegangen sind – wohl wegen der Unverständlichkeit des aristotelischen Textes –, deshalb wollen wir zuerst die klare Lehre (*plana sententia*) der Peripatetiker über das Gedächtnis vorstellen, bevor wir die Lehre des Aristoteles verfolgen«.[22]

Um terminologischen Konfusionen so früh wie möglich das Wasser abzugraben, sei auch im Vorblick auf die Übersetzung in Teil 5 schon prophylaktisch vermerkt: Im Folgenden wird *memoria* auf Deutsch als ›Gedächtnis‹ wiedergegeben, das entsprechende Verb (*memorari*) als ›(sich) erinnern‹ bzw. – in substantivierter Form – als ›Erinnern‹ oder ›Erinnerung‹. Hiervon zu unterscheiden sind ›Wiedererinnerung‹ (*reminiscentia*, auch *recordatio*) und ›(sich) wiedererinnern‹ (*reminisci*, auch *recordari*).[23] Ganz konsequent ist diese terminologische Trennung bei

---

21   Vgl. BRUMBERG-CHAUMONT 2010.

22   ALBERTUS MAGNUS, *DMR* tr. 1 c. 1 (Ed. Colon. 7/2A), p. 113 v. 15–20: »Quia autem, ut mihi videtur, omnes fere aberraverunt Latini in cognitione harum virtutum quas memoriam et reminiscentiam appellamus, ut aestimo propter verborum Aristotelis obscuritatem, ideo primo volumus ponere planam de memoria sententiam Peripateticorum, antequam Aristotelis sententiam prosequamur«.

23   Zur weitgehenden Synonymie von *reminiscentia* und *recordatio* in diesem Kontext vgl. ALBERTUS MAGNUS, *DMR* tr. 2 c. 1 (Ed. Colon. 7/2A), p. 125 v. 32–33 (zitiert unten im

Albert selbst zwar nicht an allen Stellen durchgehalten,[24] aber ihre Berechtigung in der Sache wird unten in Teil 3 deutlich gemacht und auch inhaltlich präziser geklärt. Sie korrespondiert der griechischen Unterscheidung zwischen *mnêmê* und *anamnêsis*, die auch der Gliederung der aristotelischen Vorlage entspricht: Im ersten Kapitel von *DMR* behandelt Aristoteles das Gedächtnis, im zweiten die Wiedererinnerung.[25]

Um nun auf den oben zitierten Text und dessen programmatische Bedeutung zurückzukommen: Albert beginnt seine Schrift mit einer Digression, also einer Art Exkurs, der aber ins Herz der eigentlichen Sache führen soll. Solche Digressionen verwendet Albert in seinen Kommentaren des Öfteren, wenn er vom zu paraphrasierenden Text abweicht und stattdessen Meinungen und Interpretationen anderer Autoren zu der jeweils bei Aristoteles verhandelten Sache diskutiert. Zu Recht berühmt sind z. B. seine äußerst subtilen Auseinandersetzungen mit verschiedenen Lesarten des aristotelischen *nous*-Begriffs im dritten Buch von *De anima*, wie sie im Laufe der Auslegungstradition entwickelt worden sind, und in deren kritischer Aufarbeitung Albert seine eigene Intellekttheorie entwickelt.[26] Doch die in *DMR* an den Anfang gestellte Digression hat ebenso wie eine weitere, mit der er dann später den zweiten Traktat eröffnet,[27] eine anders gelagerte Funktion. Albert geht es hier nicht um eine kritisch abwägende Auseinandersetzung mit der peripatetischen Gedächtnislehre, die im Anschluss an Aristoteles entwickelt worden ist, sondern um deren hermeneutisches Potenzial für das Verständnis des Aristoteles-Textes selbst. Er liefert also gerade nicht, wie David Bloch dieses Präludium fälschlich gedeutet hat, zwei verschiedene Deutungen von Gedächtnis und Wiedererinnerung, zuerst eine peripatetische und dann eine aristotelische, die dann noch einmal zu vermitteln wären (was Albert nach Auffassung von

---

Hauptttext, S. 15). Vgl. auch *De homine* (Ed. Colon. 27/2), p. 307 v. 18–19. In der Übersetzung in Teil 5 habe ich dennoch zur Kennzeichnung der unterschiedlichen Termini für *recordatio* den Ausdruck ›Rückerinnerung‹ (bzw. ›sich zurückerinnern‹ für *recordari*) verwendet. Damit soll keine inhaltliche Differenz insinuiert sein, sondern nur eine dem lateinischen Original entsprechende sprachliche Nuancierung.

24 So fällt z. B. sofort ins Auge, dass in tr. 1 c. 1 (Ed. Colon. 7/2A), p. 113 v. 23–26, als *actus memoriae* von *rememorari* gesprochen wird (statt von *memorari*), was stärker nach Wiedererinnerung klingt. Eine mögliche Erklärung für diesen Gebrauch findet sich in *De homine* (Ed. Colon. 27/2), p. 306 v. 52–67. Vgl. zu weiteren sprachlichen Beobachtungen auch unten, Anm. 215 und 226 zur Übersetzung.

25 Zur Terminologie im Griechischen vgl. KING 2004, 45–47; zu deren Aufnahme und Wiedergabe im Arabischen und Lateinischen vgl. die Hinweise in WHITE / MACIEROWSKI 2005, 171–177.

26 Vgl. ALBERTUS MAGNUS, *De anima* l. 3 tr. 3 c. 6–11 (Ed. Colon. 7/1), p. 215 v. 4 – p. 223 v. 38.

27 Vgl. ALBERTUS MAGNUS, *DMR* tr. 2 c. 1 (Ed. Colon. 7/2A), p. 124 v. 5 – p. 125 v. 35.

Bloch dann bedauerlicherweise nicht mehr geleistet hat).[28] Vielmehr muss man Aristoteles nach Albert in dieser Thematik im Licht seiner späteren Interpreten und Fortsetzer verstehen. So formuliert er es auch zum Abschluss seiner zweiten Digression, bevor er zur Behandlung der *reminiscentia* übergeht:

> »Auf diese Weise muss man also die Wiedererinnerung verstehen, die viele Peripatetiker Rückerinnerung nennen; und demgemäß müssen wir die Worte des Aristoteles interpretieren, welcher der Urheber der Peripatetiker ist«.[29]

Auch hier ist die zuvor entwickelte peripatetische Lehre von der Wiedererinnerung also das hermeneutische Raster, mit dem Albert den Aristoteles-Text später in den Blick nimmt. In seiner bewussten Anknüpfung an die peripatetische Tradition in den beiden Digressionen formuliert Albert in programmatischer Weise somit letztlich »die Leitlinien seiner Auslegung der aristotelischen Vorlage«.[30] Dazu ist nun in präzisierender Absicht noch dreierlei zu bemerken:

(1) Unter *Peripatetici* versteht Albert hier in erster Linie die arabischen Autoren, die sich mit Aristoteles bzw. mit aristotelischen Lehren in konstruktiver Wendung auseinandergesetzt haben.[31] In Alberts *DMR* dominieren als explizite und implizite Referenzautoren dieser Richtung v. a. Avicenna und Averroes, die als wesentliche Quellen der Ausdeutung Alberts zu gelten haben;[32] einen herausragenden Stellenwert besitzt hierbei neben den einschlägigen Passagen in Avicennas *Liber de anima*[33] insbesondere die *Epitome* von Averroes zu den *Parva naturalia*, die um 1230 von Michael Scotus ins Lateinische übersetzt wurde und die Albert in seinem Kommentar häufig heranzieht.[34]

---

28 Vgl. Bloch 2007, 181 f. Wesentlich adäquatere Deutungen der beiden Digressionen finden sich bei Anzulewicz 2005, 192–197, Di Martino 2008, 133–135, sowie Donati 2009, 354–356.

29 Albertus Magnus, *DMR* tr. 2 c. 1 (Ed. Colon. 7/2A), p. 125 v. 31–35: »Sic ergo intelligendum est de reminiscentia, quam Peripatetici multi recordationem vocant, et secundum ista debemus interpretari dicta Aristotelis, qui princeps est Peripateticorum«. Vgl. auch *ebd.*, p. 124 v. 5–7.

30 Anzulewicz 2005, 197.

31 Zu Beginn des zweiten Traktats ([Ed. Colon. 7/2A], p. 124 v. 8–9) nennt Albert explizit al-Fārābī, Avicenna und Averroes, aber auch Alexander von Aphrodisias und Themistius, wobei die beiden letztgenannten griechischen Autoren allerdings in Alberts *DMR* keine explizite Rolle spielen.

32 Deren zentrale Bedeutung für Alberts *DMR* belegen die von Silvia Donati zusammengestellten Einträge im Quellenapparat der kritischen Edition zur Genüge.

33 Vgl. Avicenna, *Liber de anima* I, 5, ed. Van Riet, p. 89–90; sowie IV, 1 und 3, ed. Van Riet, p. 8–11 u. 39–43. Zu Avicennas Gedächtnislehre vgl. Coleman 1992, 341–362, und Bloch 2007, 145–153.

34 Averroes, *Compendium libri Aristotelis De memoria et reminiscentia* (CCAA 7). Vgl. zu Averroes' Auffassungen Gätje 1988, mit deutscher Übersetzung des arabischen Traktats

Auffällig ist nun aber, dass Albert in seiner Darstellung die durchaus vorhandenen Unterschiede zwischen Avicenna und Averroes in der Deutung dieser Phänomene, die er andernorts durchaus registriert, weitgehend außen vor lässt; er betont prononciert die Übereinstimmungen statt der Gegensätze.[35] Er präsentiert hier somit eine unifizierte peripatetische Position, die sich letztlich seiner eigenen Interpretation der arabischen Denker verdankt – also eine Art ›Handbuch-Version‹, der es v. a. auf die *plana sententia*, also auf die klare und deutliche Lehre ankommt. Hier weitere Differenzierungen oder gar widersprüchliche Stellungnahmen innerhalb der peripatetischen Tradition zu konturieren, wäre ihm wohl schlicht kontraproduktiv mit Blick auf einen Aristoteles-Text erschienen, dessen *obscuritas* Albert ja gerade für die vorherigen Fehldeutungen bei den lateinischen Autoren verantwortlich macht.

(2) Albert verzichtet weitgehend darauf, diese lateinischen Irrläufer selbst direkt aufs Korn zu nehmen. Worin deren fundamentale Missverständnisse bestehen, wird hier nicht akzentuiert, insbesondere im Blick auf die *memoria*. Ein erstes Indiz dafür, was ihm missfällt, liefert freilich schon Alberts explizite Abweisung der These, dass die *reminiscentia* einen Teil der rationalen Vernunftseele bildet und nicht zur *anima sensitiva* gehört, die der Mensch mit den Tieren teilt.[36] Diese Auffassung findet sich u. a. bei einigen lateinischen Deutern und Kommentatoren in der ersten Hälfte des 13. Jahrhunderts, die Albert wohl auch kannte, wie z. B. bei Adam von Buckfield, von dem wohl der erste lateinische Kommentar zu *DMR* stammt.[37] Mein Eindruck ist nun allerdings, dass es Albert bei seiner pauschalen Kritik an den *Latini* gar nicht so sehr um einzelne Lehrstücke geht, sondern eher um den vorher in der lateinischen Tradition unternommenen Versuch einer harmonisierenden Synthese von Aristoteles und Augustinus in Sachen Gedächtnis: Neben der aristotelischen Auffassung, welche das Gedächtnis als Teil der *anima sensitiva* fasst (womit sie auch bestimmten Tieren zukommt), war für das mittelalterliche Denken natürlich ebenfalls – und sicher in noch höherem Maße – das augustinische

---

(ebd., 27–36). Vgl. auch COLEMAN 1992, 401–415, BLACK 1996, und BLOCH 2007, 153–166 (bes. seine Kritik an Coleman: ebd., 163–166).

35 Vgl. die Verwendung von »concorditer« in *DMR* tr. 1 c. 1 (Ed. Colon. 7/2A), p. 114 v. 38, und tr. 2 c. 1 (Ed. Colon. 7/2A), p. 124 v. 9. Abweichungen in der Terminologie und im Verständnis der fünf inneren Sinne zwischen Avicenna und Averroes notiert Albert freilich in *DMR* tr. 1 c. 1 (Ed. Colon. 7/2A), p. 113 v. 34–37 u. p. 114 v. 5–8. Vgl. zu dieser Passage auch STENECK 1974, 210.

36 Vgl. ALBERTUS MAGNUS, *DMR* tr. 2 c. 1 (Ed. Colon. 7/2A), p. 124 v. 11–12.

37 Zu diesem Kommentar vgl. BRUMBERG-CHAUMONT 2010. Zu Alberts Verhältnis zu diesem Werk vgl. DONATI 2009, bes. 527–533, die auch einen Überblick über die anderen lateinischen Kommentare zur *Translatio Vetus* in dieser Zeit bietet (ebd., 540–543).

Erbe in dieser Frage prägend.[38] Bei Augustinus wird die *memoria* neben Wille und Intellekt als ein zentraler Aspekt des menschlichen Geistes (*mens*) dargestellt, insofern dieser als Abbild der göttlichen Trinität zu verstehen ist. Dementsprechend kennt Augustinus nicht nur ein sinnliches Gedächtnis, das frühere Wahrnehmungsinhalte speichert, sondern auch ein intellektuelles, das geistige Gehalte (also etwa den Satz des Pythagoras) bewahrt.[39] Hinsichtlich dieser *memoria intelligibilium* lebt im augustinischen Begriff von Gedächtnis ein beträchtlicher Anteil der platonischen Lehre von der Wiedererinnerung an die apriorischen Ideen (die sog. *anamnêsis*-Lehre) fort.[40] Von diesem Verständnis aus ist es dann höchst naheliegend, auch die *reminiscentia*, also das terminologische Äquivalent zur griechischen *anamnêsis*, im geistigen Teil der Seele und nicht in der *anima sensitiva* zu verorten.

Albert lehnt nun natürlich diese platonisch-augustinische Lehre von Gedächtnis und Wiedererinnerung keineswegs rundheraus ab, wie seine Ausführungen zur Thematik in *De homine* und andernorts eindeutig belegen.[41] Er hält sie aber zumindest für einen inadäquaten Zugang zur aristotelischen Theorie in *DMR*, wie man mit Blick auf die beiden Digressionen *e silentio* argumentieren kann. Ich werde diesen Zusammenhang später noch weiter konkretisieren und substantiieren; es sei aber zumindest schon einmal vorläufig festgehalten, dass Albert im Rahmen seiner Kommentierung einer Konfusion von aristotelischen mit augustinischen (und auch von philosophischen mit theologischen) Überlegungen zum Gedächtnis tendenziell entgegenwirkt: Der Name Augustinus fällt de facto kein einziges Mal in der gesamten Schrift, und Platons Theorie des Sehens – verstanden als Ausdehnung eines seelischen Sichtstrahls zur Sache hin – wird explizit kritisiert, insbesondere als mögliches Analogon für die Tätigkeit der Wiedererinnerung.[42] Auch diese Fokussierung auf einen der beiden Stränge der mittelalterlichen Gedächtniskonzeption,

---

38 Zur Komplexität dieses doppelten Erbes in der Entwicklung des mittelalterlichen Gedächtnisbegriffs vgl. Müller 2015a.

39 Vgl. Augustinus, *Confessiones* X, 16 und 18–20 (CCSL 27), p. 163–165.

40 Vgl. Platon, *Menon*, 81 a – 86 c; *Phaidon*, 72 e – 77 a.

41 Vgl. insbesondere seine ausführlichen Ausführungen zur *memoria* als Teil der menschlichen Gottesebenbildlichkeit in *De homine* (Ed. Colon. 27/2), p. 547 v. 37 – p. 552 v. 59, die direkt an Augustinus anschließen.

42 Zur Kritik an Platon vgl. Albertus Magnus, *DMR* tr. 2 c. 5 (Ed. Colon. 7/2A), p. 132, v. 20–27: Die Seele dehnt sich auch in der Zeitwahrnehmung der Wiedererinnerung nicht selbst zur Sache hin aus. Darin ist zumindest auch eine indirekte Kritik an der berühmten augustinischen Auffassung von Zeit als »distentio animi« (vgl. *Confessiones* XI, 33 [CCSL 27], p. 211) angedeutet; vgl. *ebd.*, p. 133 v. 36–38: »Haec autem dicta sunt contra eos qui dicunt animam *distendi* ad tempora et rerum quantitates quas intelligit et reminiscitur« (Hervorh. J. M.).

nämlich auf das sinnesphysiologisch fundierte Konzept aristotelischer Provenienz und seine Weiterentwicklung in der philosophischen sowie in der
medizinischen Tradition der Griechen und Araber, ist mit der nachhaltigen
Berufung auf die peripatetische Lehre indirekt angesprochen.

(3) Schlussendlich ist noch darauf hinzuweisen, dass Albert sich in dieser
Schrift dann folgerichtig sehr weitgehend mit den *Peripatetici* identifiziert. So
konstatiert er in seiner zweiten Digression:

> »In der anstehenden Behandlung der Wiedererinnerung haben wir uns entschieden,
> nicht dem allgemein Gesagten zu folgen, sondern den Peripatetikern, wie wir es schon in
> der Besprechung des Gedächtnisses getan haben«.[43]

Das heißt nun keineswegs, dass er nur die Ansichten anderer rekonstruiert
bzw. nachbetet. Zum Ende der ersten Digression über das peripatetische
Verständnis der *memoria* formuliert er durchaus den Anspruch, auch noch
etwas Eigenes zur Thematik beizutragen:

> »Dies ist also gemäß Averroes und anderen zufolge die Lehre des Aristoteles. Ich aber
> meine, dass eines ergänzt werden muss, bevor wir die Lehre des Aristoteles weiterver-
> folgen«.[44]

Daran schließt sich eine – möglicherweise wiederum gegen eine eklatant feh-
lerhafte ›lateinische‹ Auffassung gerichtete – Klarstellung über das Gedächtnis in seinem Verhältnis zum ›ersten Wahrnehmenden‹ (*primum sensitivum*) an.[45]
An dieser durchaus selbstbewusst formulierten Äußerung kann man nun in
nuce Alberts eigenen philosophischen Anspruch ablesen. Er versteht seinen
eigenen Kommentar als Beitrag zu einer epochen- und kulturübergreifenden
peripatetischen *scientia de anima*, also zu einer aristotelisch inspirierten, aber
von ihm und seinen nachfolgenden arabischen Auslegern noch nicht vollen-
deten Seelenlehre, die es weiter zu entwickeln gilt. In diese peripatetische
Tradition schreibt sich Albert gewissermaßen mit seiner Schrift ein – und
zwar als eigenständiger Autor und Fortsetzer dieser Bemühungen und nicht
als bloßer Sammler oder Kompilator bereits vorgefertigter Meinungen.

---

43 ALBERTUS MAGNUS, *DMR* tr. 2 c. 1 (Ed. Colon. 7/2A), p. 124 v. 5–7: »De reminiscentia
   tractaturi non elegimus sequi dicta communia, sed Peripateticorum, sicut etiam fecimus
   tractantes de memoria«.
44 ALBERTUS MAGNUS, *DMR* tr. 1 c. 1 (Ed. Colon. 7/2A), p. 114 v. 52–55: »Hoc est igitur
   quod Averroes et alii dicunt esse sententiam Aristotelis. Ego autem unum puto esse
   addendum, antequam sententiam Aristotelis prosequamur«.
45 Vgl. *ebd.*, p. 115 v. 1 (»quidam vehementer insistentes dicunt […]«). Die im Quellenapparat der Ed. Colon. ausgewiesene sachliche Parallele zu einem anonym überlieferten
   lateinischen Werk ist nicht ganz eindeutig, der Tenor, den Albert anstimmt, aber umso
   dezidierter: Diese Meinung steht vollkommen quer zur peripatetischen Psychologie.
   Vgl. hierzu auch ANZULEWICZ 2005, 195.

3. Alberts akthafte Deutung der Phänomene

Alberts Kommentierung folgt grundlegend dem Aufbau der aristotelischen Schrift: Im ersten Traktat wird das Gedächtnis (*memoria*) verhandelt; im zweiten dann die Wiedererinnerung (*reminiscentia*). Im Folgenden soll keine detailgenaue Rekonstruktion aller einzelnen Lehrstücke in ihrem Zusammenhang geboten werden, sondern eine auf das Wesentliche fokussierte philosophische Lektüre erfolgen. Ich beschränke mich deshalb auf diejenigen Ideen, durch die Alberts grundlegendes Verständnis dieser beiden Phänomene am Deutlichsten sichtbar wird und in denen – auch mit Blick auf die in Teil 4 zu unternehmende problemgeschichtliche Würdigung – zugleich die Originalität seiner Ausführungen prägnant durchscheint.

3.1. Das Gedächtnis und der Akt des Erinnerns (actus memoriae)

Albert stellt direkt zu Beginn seiner eigentlichen Kommentierung des Textes von Aristoteles die Weichen für sein akthaftes Verständnis des Gedächtnisses. Seine vorangehende Digression hat er im Zitationsstil mit dem ersten Satz der *Translatio Vetus* eingeleitet, wobei er den Akzent schon markant auf das »Erinnern« (*memorari*) als Tätigkeit gelegt hat.[46] Analog kommentiert er nun auch den Beginn der aristotelischen Schrift, wo es in der lateinischen Version heißt: »Reliquorum autem primum considerandum est de memoria et memorari quid est et propter quas causas fit […]«. Albert paraphrasiert das wie folgt:

> »Wir sagen, dass unter den übrigen Leistungen, die dem Körper und der Seele gemeinsam zukommen, zuerst das Gedächtnis betrachtet werden muss; es ist aber auch der Gedächtnisakt, der im Sich-Erinnern besteht, zu untersuchen. Für beides ist zu klären, was es ist und aus welchen Ursachen es sich bei bestimmten Lebewesen findet«.[47]

---

46 Vgl. Albertus Magnus, *DMR* tr. 1 c. 1 (Ed. Colon. 7/2A), p. 113 v. 7–8: »Reliquorum autem primum considerandum est de memorari«. Vgl. auch Aristoteles, *De sensu et sensato* 7 (449 a 3–4).

47 *Ebd.*, tr. 1 c. 1 (Ed. Colon. 7/2A), p. 115 v. 22–24: »[…] *considerandum esse* primo *de memoria primum* inter *reliqua* opera animatorum quae communia sunt corpori et animae, considerandum autem etiam est de actu memoriae qui est *memorari quid est* utrumque istorum *et propter quas causas fit* in animatis quibusdam«. Hier und im Folgenden werden in Übereinklang mit der kritischen Edition die von Albert aus der *Translatio Vetus* entnommenen Textbestandteile durch Kursivierung gekennzeichnet.

I

In der Aristoteles-Forschung ist umstritten, wie diese Doppelung von »Gedächtnis und Erinnern« im aristotelischen Original gemeint ist, und ob damit überhaupt eine sachliche Differenz zum Ausdruck gebracht wird.[48] Albert nimmt diese sprachliche Doppelung hingegen inhaltlich sehr ernst und geht davon aus, dass Gedächtnis und Erinnern zwei Untersuchungsgegenstände sind, denen jeweils für sich Aufmerksamkeit zu schenken ist. Während David Bloch in seinem Kommentar zur aristotelischen Schrift (freilich alles andere als unkontrovers) dekretiert, dass es so etwas wie »memory acts« bei Aristoteles bei näherem Hinsehen gar nicht gebe,[49] interpretiert Albert »memorari« an dieser Stelle sofort und explizit als »actus memoriae«, also als Gedächtnisakt.

Das ist kein Zufall, sondern resultiert aus der inneren Logik, mit der Albert seine Ausführungen zur *memoria* anlegt. Im Vergleich zur aristotelischen Vorlage sticht nämlich außerdem ins Auge, wie Albert das Gedächtnis definitorisch in das Seelenleben einordnet: Während Aristoteles die *memoria* begrifflich als Affektion (*passio* bzw. *pathos*) bzw. als Disposition (*habitus* bzw. *hexis*) beschreibt,[50] ordnet Albert ihr ebenso den Status einer *virtus* bzw. einer *potentia* zu, bestimmt sie also generisch zusätzlich als Vermögen.[51] Dies erlaubt es ihm im Wesentlichen, das Gedächtnis zwanglos in das vermögenspsychologische Raster einzuordnen, mit dem Aristoteles in *De anima* die Analyse der verschiedenen Wahrnehmungssinne durchgeführt hat:[52] Die seelischen Kräfte

---

48 Bei Aristoteles sind *mnêmê* und *mnêmoneuein* in *DMR* eine stehende Kollokation (vgl. 449 b 3–4; 451 a 14–15; 451 b 5; 453 b 8–9), was natürlich nahelegt, die beiden Konzepte inhaltlich kurzzuschließen. Die Standard-Deutung bieten KING 2004, 79 f., und SORABJI 2004, 1 f.: Gedächtnis bezeichnet den dispositionalen Gehalt, also den Gedächtniseindruck (verstanden als *pathos* bzw. *hexis*), der bei seiner Betätigung – dem Erinnern – dann aktiv vor dem inneren Auge steht. BLOCH 2007, bes. 84–94, kritisiert diese Deutung auf der Basis subtiler terminologischer Differenzierungen in *DMR*, rückt aber de facto dadurch die beiden Konzepte noch näher aneinander.

49 Vgl. BLOCH 2007, 79–118 (»The Non-Existence of Memory Acts in Aristotle«).

50 Vgl. ARISTOTELES, *DMR* 1 (449 b 24–25 u. 451 a 14–16). Nach Auffassung von BLOCH 2007, 80–82, laufen beide Bestimmungen, die in der aristotelischen Logik bzw. Ontologie durchaus unterschieden sind, in diesem Traktat letztlich auf dasselbe hinaus.

51 Vgl. die konkreten Formulierungen bei ALBERTUS MAGNUS, *DMR* tr. 1 c. 1 (Ed. Colon. 7/2A), p. 114 v. 30 (»in organo virtutis memorativae«) und v. 34–35 (»virtutis memoriae actus«). In *De homine* (Ed. Colon. 27/2), p. 300 v. 41–62, unterscheidet Albert zwischen *memoria* als *habitus*, *potentia* oder *obiectum* und untersucht explizit auch ihren *actus* (p. 306 v. 42 – p. 307 v. 16).

52 Vgl. ARISTOTELES, *De anima* II 4 (415 a 14–20).

müssen wesentlich über ihre Tätigkeiten bzw. Aktivitäten bestimmt werden; was ein psychisches Vermögen ist, lässt sich daran ablesen, was es bewirkt. Wer verstehen will, was das Gedächtnis ist, muss folgerichtig den Gedächtnisakt, also die Tätigkeit des Erinnerns, in den Blick nehmen.

Dies unternimmt Albert konsequent bereits in seiner ersten Digression, in der er die peripatetischen Leitlinien seiner Aristoteles-Deutung festhält: Er ordnet die Gedächtnistätigkeit dort in das Schema der sog. inneren Sinne ein, das bei Aristoteles bestenfalls vage angedeutet ist und sich in seiner Ausdifferenzierung wesentlich nachfolgenden Denkern verdankt. Die genaue Klassifikation der verschiedenen inneren Sinne ist von Autor zu Autor verschieden;[53] so gibt es z. B. einige Unterschiede zwischen den Fassungen von Avicenna und bei Averroes, die Albert in seiner ersten Digression auch kurz thematisiert.[54] Ihm kommt es jedoch an dieser Stelle primär auf die Grundidee der inneren Sinne an, die man grob wie folgt skizzieren kann: Die fünf äußeren Sinne (Gesicht, Gehör, Geschmack, Geruch und Tastsinn) nehmen von den äußeren Gegenständen sinnliche Formen an, welche die jeweiligen Sinneseindrücke repräsentieren. Dabei handelt es sich quasi um Rohmaterial, das der weiteren inneren Verarbeitung bedarf, damit aus den auf die verschiedenen äußeren Sinne verteilten Eindrücken die komplexe und einheitliche Gesamtwahrnehmung wird, die wir von unserer Außenwelt haben. Hier kommen dann die inneren Sinne ins Spiel, welche die Einrücke der verschiedenen sinnlichen Wahrnehmungskanäle einerseits synthetisieren, sie andererseits aber immer weiter abstrahieren, sie also sukzessive von den körperlichen und zeitlichen Gegebenheiten der Gegenstände ablösen, welche die Wahrnehmung ursprünglich ausgelöst haben. Dadurch entstehen auch neue seelische Gehalte, die zwar auf die äußerlich wahrgenommenen Gegenstände bezogen sind, diese aber nicht bloß ›abbilden‹; zu diesen Gehalten, die der inneren Wahrnehmung angehören, zählen z. B. die Intentionen (*intentiones*), auf die gleich im Zusammenhang der Gedächtnisinhalte noch näher einzugehen sein

---

53 Zur historischen Entwicklung des äußerst variablen Schemas der inneren Sinne vgl. Wolfson 1935 (bes. 116–120 zu Albert); Gätje 1965 (mit Schwerpunkt auf Averroes) und Di Martino 2008 (bes. 69–84 zu Albert). Für die nachfolgende Darstellung vgl. die Digression Alberts zu den inneren Sinnen in *De anima* l. 2 tr. 4 c. 7 (Ed. Colon. 7/1), p. 156 v. 79 – p. 158 v. 36, sowie seine ausführlichen Darlegungen in *De homine* (insbesondere die beiden traktatartigen Abhandlungen zu *memoria* und *reminiscentia*: [Ed. Colon. 27/2], p. 297–312). Steneck 1974 hat überzeugend gezeigt, dass sich die vermeintlichen Inkonsistenzen in Alberts Behandlung der inneren Sinne über seine verschiedenen Werke hinweg doch zumindest auf einheitliche strukturelle Grundideen zurückführen lassen.

54 Vgl. oben, Anm. 35.

wird. Albert unterscheidet bei den inneren Sinnen grundsätzlich zwei Funk-
tionsbereiche: nämlich das Aufnehmen bzw. Verarbeiten (*accipere / recipere*)
sinnlicher Gehalte und ihre sich daran anschließende Aufbewahrung (*retinere /
conservare*). Das Gedächtnis als innerer Sinn bildet nun den Abschluss des
gesamten Verarbeitungsprozesses: Das Vermögen der *memoria* und ihre Tätigkeit des Erinnerns bilden die Instanzen, auf welche die Tätigkeiten der anderen vier inneren Sinne teleologisch hingeordnet sind.[55]

Die genaue sequentielle Verarbeitung innerhalb der inneren Sinne, die auf
diese Weise zum Gedächtnis sowie zu seinem Akt führt, wird von Albert
komplex und detailreich in seiner ersten Digression geschildert.[56] Betrachten
wir das Ganze zuerst von der traditionellen Speicherfunktion des Gedächtnisses her: Was sind die Gehalte, die in der menschlichen Seele zum Zweck
des Erinnerns aufbewahrt werden? Albert unterscheidet hier zweierlei: *figurae*
bzw. *imagines* der äußeren Wahrnehmungsgegenstände auf der einen Seite, die
auf sie bezogenen *intentiones* auf der anderen Seite.

(1) Unter *figurae* bzw. *imagines* sind die seelischen Repräsentationen der
Eigenschaften der externen Gegenstände bzw. Personen zu verstehen, also
deren körperliche Gestalt, ihre Größe, sowie alles andere, was in der Wahrnehmung der fünf äußeren Sinne einmal unmittelbar präsent gewesen ist.
Diese verschiedenen Eindrücke sind nun bereits durch den sog. Gemeinsinn,
den ersten inneren Sinn, zu einem Ganzen synthetisiert worden. Der so entstandene Gedächtnisgehalt z. B. eines früheren Bekannten umfasst also dessen Gesicht, Gestalt, seine Kleidung, seinen Händedruck, seinen Gang und
vieles mehr.

(2) Damit ist aber nach Albert das in der Seele über den sinnlichen Gegenstand Gespeicherte, also das, was wir auch nach dessen Entfernung aus
unserer unmittelbaren sinnlichen Wahrnehmung weiterhin ›bei uns‹ (*apud nos*)
haben, keineswegs erschöpft. Denn es gibt noch vieles andere, was ich in

---

55 Dieses hierarchische Verständnis der inneren Sinne zeigt sich nicht nur in ihrer sequen-
    tiellen Anordnung, sondern auch in der Bewertung, dass die *memoria* im Vergleich zu
    den vorhergehenden Sinnen »magis spiritualis« (ALBERTUS MAGNUS, *DMR* tr. 1 c. 1
    [Ed. Colon. 7/2A], p. 114 v. 31) ist, weil sie am Ende des Abstraktionsprozesses in der
    Sinnlichkeit steht. Diesen Gedanken übernimmt Albert von AVERROES (*De memoria et
    reminiscentia* [CCAA 7], p. 56 v. 31–32) und baut ihn in *De anima* l. 2 tr. 3 c. 4 (Ed. Colon.
    7/1), p. 101 v. 50 – p. 102 v. 65 zu einer Theorie der Abstraktionsstufen aus, die
    schließlich bei der geistigen Erkenntnis endet. Zu den zugrunde liegenden Prinzipien
    (»principle of abstraction« und »principle of animal spirit«) vgl. STENECK 1974, bes.
    209–211. Die Idee einer Hierarchie der inneren Sinne geht auf Ibn Bāǧǧa zurück, vgl.
    BLACK 1996, 179, nt. 55.
56 Albert unterscheidet dabei vier Tätigkeiten, durch welche die Gedächtnistätigkeit voll-
    endet wird: *DMR* tr. 1 c. 1 (Ed. Colon. 7/2A), p. 113 v. 21 – p. 114 v. 11.

Bezug auf meinen früheren Bekannten erinnern kann, z. B. dass er der Cousin meines Onkels gewesen ist oder dass ich ihn stets als freundlich erlebt habe. Bei der weiteren Verarbeitung der Wahrnehmungseindrücke in den inneren Sinnen gibt es nun ein spezifisches Vermögen, die sog. Einschätzungskraft (*vis aestimativa*), die uns Informationen über den Gegenstand liefert, die nicht unmittelbar in der sinnlichen Wahrnehmung enthalten sind. Das sind die bereits oben erwähnten *intentiones*. Ein berühmtes Beispiel hierfür, das Avicenna gegeben hat, rekurriert auf ein Schaf, das einen Wolf wahrnimmt: Es nimmt nämlich nicht bloß dessen *figura*, also seine körperliche Gestalt wahr, sondern erkennt ihn zusätzlich als gefährlich.[57] Die Gefährlichkeit des Wolfs ist aber kein unmittelbarer Wahrnehmungsgehalt, sondern eben eine *intentio*, welche die Einschätzungskraft unter Bezug auf das sinnliche Material zusätzlich hervorbringt und die dann in der *memoria* aufbewahrt wird. Wenn Albert als zweite Gruppe von gespeicherten Gehalten diese *intentiones* ins Spiel bringt, so ist damit indirekt das emotionale Gedächtnis angesprochen. So erinnert man sich nicht nur an das, *was* man wahrgenommen hat, sondern auch, *wie* man es wahrgenommen hat, z. B. als bedrohlich, beschwerlich oder beglückend.

Mit dieser Speicherung von *figurae* bzw. *imagines* und *intentiones* ist also im Kern die Funktion des dispositionalen Langzeitgedächtnisses beschrieben; dieses umfasst die Affektionen oder Dispositionen, die in der *memoria* durch das Zusammenspiel der verschiedenen vorgelagerten inneren Sinne entstehen und die dann, um eine Metapher von Augustinus abzuwandeln, in den Schatzkammern der *anima sensibilis* aufbewahrt werden.[58]

---

57 Dieses von mittelalterlichen Autoren gerne und oft zitierte Standardbeispiel sowie die Definition von Intentionen findet sich bei: AVICENNA, *Kitāb Al-Najāt* II 6, transl. F. Rahman, p. 30–31. Zum präzisen inhaltlichen Verständnis des Konzepts vgl. HASSE 2000, 127–153. Zu Alberts Auffassung hiervon vgl. *De anima* l. 2 tr. 3 c. 4 (Ed. Colon. 7/1), p. 101 v. 90 – p. 102 v. 10 u. v. 28–65; l. 2 tr. 4 c. 7, p. 157 v. 29–90.

58 In *De anima* l. 2 tr. 4 c. 7 (Ed. Colon. 7/1), p. 157 v. 65–73, ordnet Albert dabei der *memoria* als speicherndem Vermögen in erster Linie die *intentiones* zu, während die Formen der äußeren Dinge, also die *figurae* bzw. *imagines*, in der *vis imaginativa* abgelegt werden. Dies entspricht der Auffassung von Avicenna. In *DMR* tr. 1 c. 1 (Ed. Colon. 7/2A), p. 114 v. 8–11, drückt er sich hingegen eindeutig so aus, dass beide Gehalte »in ipsa«, also im Gedächtnis selbst liegen; vgl. auch *ebd.*, p. 114 v. 47–52. So versteht Albert letztlich Aristoteles, wie *De homine* (Ed. Colon. 27/2), p. 301 v. 65–72 belegt: »dicendum quod memoria per se recipit intentiones non sensatas, ut dicit Avicenna, et per illas devenit in imagines sensatas et per imagines in rem. Et ideo ab Algazele diffinitur a conservatione intentionum, quia intentiones proximiores sunt memoriae. Quia vero imagines proximiores sunt rei, in quam revertitur memoria, ideo dicit Aristoteles quod memoria phantasmatis est et imaginis«.

II

Aber mit dieser Speicherung ist nach Albert eben noch nicht der eigentliche *actus memoriae* beschrieben. Dieser vollendet sich nämlich erst darin, dass aus den gespeicherten Figuren und Intentionen die konkrete Erinnerung in ihrer Gesamtheit komponiert wird und so der tatsächliche Erinnerungsakt stattfindet, den Albert wie folgt beschreibt:

> »Deshalb besteht der Gedächtnisakt darin, dass er durch das Zusammenfügen der unterschiedenen Intentionen mit den Gestalten der Dinge in deutlicher Weise zu den Dingen zurückkehrt«.[59]

Albert sieht hier eine Anordnung am Werk, die den ursprünglichen Verarbeitungsprozess umkehrt: Dieser führt vom externen Objekt über die äußeren Sinne und die sequentiell angeordneten inneren Sinne hin zum Gedächtnis als letzter Speicherinstanz. Im Erinnern, also im Gedächtnisakt findet eine Umkehrung dieser Sequenz statt: Über die Intentionen kommt das Gedächtnis zu den Formen und dadurch dann zur zuvor wahrgenommenen äußeren Sache.[60]

Albert fasst das Gedächtnis also nicht als passives Sammelsurium von parallel gespeicherten Gehalten auf, sondern als aktiven Vorgang der Rückkehr zu den außerseelischen Objekten, bei dem diese Gehalte durch eine innere Aktivität rekombiniert werden. Das Gedächtnis vollbringt somit eine in hohem Maße synthetische Leistung: Es werden nicht einfach fertige ›Kopien‹ früherer Wahrnehmungsinhalte aus irgendwelchen Schubladen gezogen, sondern es bedarf einer aktiven Rekombination. Der Vorteil einer solchen Theorie ist, dass sie nicht nur die Komplexität des Erinnerungsprozesses besser einzufangen vermag als ein eher passives Speicher- oder Schatzkammern-Modell, sondern dass damit auch die Störanfälligkeit des Erinnerns besser erklärt werden kann. Falsche Erinnerungen sind damit etwa als misslungene Rekombinationen von Intentionen und Gestalten zu deuten. Albert selbst hebt im ersten Traktat zwar in erster Linie auf physiologische Störungen der *memoria* ab, die durch ihren organischen Sitz im Gehirn verursacht werden; die klinische Beobachtung von Läsionen am Kopf nutzt er dabei nicht zuletzt als explanatorische Ressource für die Lokalisierung und Anordnung der inneren Sinne.[61]

---

59 ALBERTUS MAGNUS, *DMR* tr. 1 c. 1 (Ed. Colon. 7/2A), p. 114 v. 34–36: »Et ideo virtutis memoriae actus est quod componendo intentiones distinctas cum imaginibus rerum distincte ad res revertitur«.

60 Vgl. ALBERTUS MAGNUS, *De homine* (Ed. Colon. 27/2), p. 306 v. 65–67: »[...] tunc actus memoriae est, qui per intentionem venit in imaginem et per imaginem in rem prius acceptam«. Vgl. zur sachlichen Rechtfertigung dieser Reihenfolge auch das längere Zitat in Anm. 58 oben.

61 Vgl. ALBERTUS MAGNUS, *DMR* tr. 1 c. 1 (Ed. Colon. 7/2A), p. 114 v. 36–47; tr. 2 c. 1, p. 125 v. 4–16. Auf die Bedeutung der Physiologie des Gehirns für Alberts Theorie

Aber auch in dieser Beschreibung sind es funktionale Störungen in der Tätigkeit der körperlich verwurzelten inneren Sinne, durch die es zu Fehlleistungen kommt.

Im Falle der gelingenden Erinnerung, also des störungsfreien Gedächtnisakts, kehrt die Seele hingegen zur ›wirklichen‹ Sache wieder zurück. Diese Feststellung bedarf noch einiger weiterer Spezifikationen hinsichtlich des *memorabile*, also der Sache, die Gegenstand der Erinnerung ist. Aber bereits mit Blick auf die prozessuale Struktur des Erinnerns lässt sich schon hier festhalten: Die Idee einer *reflexio in rem*, also einer Rückwendung der Seele auf die Wirklichkeit, ist das mehrfach wiederholte Leitmotiv und das originelle Herzstück der albertinischen *memoria*-Lehre in dieser Schrift.[62] Sie findet sich schon früh im Werk Alberts, insbesondere in der anthropologischen Summe *De homine*.[63] Aber erst in *DMR* wird sie nachhaltig für das Verständnis der aristotelischen Gedächtnislehre und für die Einordnung der *memoria* in die peripatetische Psychologie in toto fruchtbar gemacht.

Letzteres zeigt sich v. a. an den Vergleichen des *memorari* mit anderen seelischen Aktivitäten wie dem Wahrnehmen oder dem Denken, die Albert in seinem Kommentar vollzieht. Die Pointe der Erinnerung liegt darin, dass diese Rückkehr zu den Dingen allein aus den Gehalten heraus erfolgt, welche die Seele durch das Zusammenspiel der inneren Sinne in sich trägt – und d. h.: ohne direkten Wahrnehmungskontakt mit der Außenwelt.[64] Das unterscheidet die Gedächtnistätigkeit grundlegend von allen äußeren Sinnen, die immer auf einen solchen unmittelbaren Kontakt angewiesen sind. Zugleich weist Albert dem Gedächtnis und dem Akt des Erinnerns aber auch

---

komme ich unten noch einmal ausführlicher bei den Ausführungen zur *reminiscentia* in Teil 3.2(II) zurück.

62 Vgl. die immer wiederkehrende Formulierung in folgenden Passagen in *DMR* (Ed. Colon. 7/2A): p. 115 v. 14–16, p. 118 v. 45–46 u. 56–58, p. 119 v. 26–27 u. 40–42, p. 120 v. 6 u.12, p. 122 v. 55–58, p. 124 v. 31–32, p. 126 v. 8–10, p. 127 v. 6–7. Statt von *reflexio* ist manchmal auch von *reditio* oder *reductio in rem* die Rede, z. B. in: p. 113 v. 10–12, p. 118 v. 31–33 u. v. 53–56.

63 Vgl. insbesondere Albertus Magnus, *De homine* (Ed. Colon. 27/2), p. 297 v. 24–25 und 30–33, wo dies als der Kern der aristotelischen Auffassung in *DMR* beschrieben wird: »Secunda probatur ex dicto Philosophi in capitulo De memoria, ubi dicit quod post tempus omnis memoria fit, fit enim reversio in rem praeteritam per memoriam«. Albert greift das in seiner *Solutio* positiv auf: »Uno modo ponitur [scil. memoria] pro potentia, quae reflectitur in rem in praeterito acceptam a sensibus [...]« (*ebd.*, p. 300 v. 44–46). In *De bono* tr. 4 q. 2 a. 1 (»Quid sit memoria«) wird diese Idee der »Rückkehr« nicht so pointiert formuliert; vgl. aber ebd. a. 2 (Ed. Colon. 28), p. 250 v. 49–50 (»per actum memorandi redit in ipsum memorabile«).

64 Vgl. Albertus Magnus, *DMR* tr. 1 c. 1 (Ed. Colon. 7/2A), p. 113 v. 24–26.

innerhalb der inneren Sinne eine besondere Stellung zu. Das wird am Deutlichsten im Vergleich mit der *phantasia*, also mit der Vorstellungskraft, die es ja
ebenfalls mit seelischen Repräsentationen äußerer Dinge zu tun hat, nämlich
mit den *phantasmata*, welche auf die äußere Gestalt bzw. Figur des Wahrgenommenen bezogen sind. Der Unterschied zwischen Vorstellungskraft und
Gedächtnis liegt nun nicht primär in den Objekten, denn auch die *figurae* bzw.
imagines, mit denen das Gedächtnis im Akt des Erinnerns operiert, sind letztlich Phantasmata. Ihre Differenz liegt vielmehr wesentlich im Modus der
Betrachtung: Denn die Vorstellungskraft betrachtet das Bild ›absolut‹, also als
eigenständigen seelischen Gegenstand, der weiterverarbeitet werden kann
(z. B. in geistigen Erkenntnisprozessen). Im Gedächtnisakt hingegen wird das
Phantasma als Bild (*imago*) ›von etwas‹ betrachtet, also in seinem relationalen
Verweischarakter wahrgenommen, der zur Wirklichkeit zurückführt.[65]

Um diese Differenz in der inneren Betrachtung des Vorstellungsgehalts an
einer Analogie im Bereich der äußerlichen Wahrnehmung zu veranschaulichen: Wenn man in einer Skulpturensammlung vor einem Exponat steht,
kann man auf die Frage, was man sieht, zwei Antworten geben. Entweder:
»Ich sehe eine Büste« – dann würde man den Gegenstand nach Alberts
Distinktion ›absolut‹ bzw. in sich wahrnehmen, also so, wie die Vorstellungskraft nach Albert die *phantasmata* auffasst. Oder: »Ich sehe ein Bildnis des
Sokrates« – in diesem Fall nimmt man denselben Gegenstand in seinem
referentiellen Bezug auf ein weiteres externes Objekt wahr; und dies entspricht nach Albert der Funktion der Phantasmata im Gedächtnisakt. Sie
stehen gewissermaßen nicht für sich selbst, sondern als Bilder für etwas anderes, und als solche Verweisgrößen fasst das Gedächtnis sie konsequent auf.[66]

Im Gedächtnisakt schaut der Mensch quasi durch ihm innewohnende seelische Gehalte (*species*)[67] noch einmal auf das externe Objekt. Entscheidend ist,

---

65 Vgl. hierzu *DMR* tr. 1 c. 4 (Ed. Colon. 7/2A), p. 122 v. 3–58, bes. v. 54–58: »*Alia* autem
    consideratio est *ibi secundum quod* ipsum non ut pictura quaedam, sed ut *imago est* et
    memoria quaedam, quia sic ab eo incipit reflexio in rem priorem quasi utens eo ut forma
    compositionis ad rem cuius est forma«. Vgl. zur Betrachtung des *phantasma* in der
    memoria – im Unterschied zur *phantasia* – auch *ebd.*, p. 123 v. 24–26: »Et ostensum est
    quoniam memoria per se *phantasmatis est* et non secundum quod est phantasma absolute,
    sed secundum quod est *imago*«.
66 BLOCH 2007, der ansonsten teilweise recht hart mit Alberts Aristoteles-Deutung ins
    Gericht geht, ist in diesem Punkt ausnahmsweise voll des Lobes: »So, Albert has seen,
    more clearly than most interpreters, that the crucial element in memory is the *modus
    spectandi*, not the ontology of the image. I believe Albert's exposition to be one of the
    best and clearest interpretations of this crucial part of Aristotle's theory« (ebd., 186).
67 Hier und in der Übersetzung in Teil 5 habe ich für »species« nicht die häufig verwen-
    dete Wiedergabe »Bild« verwendet, sondern eine möglichst neutrale Übertragung ge-

dass im Erinnern nach Albert nicht einfach der ursprüngliche Wahrnehmungsgehalt reproduziert wird; vielmehr wird hier eine über den früheren
Wahrnehmungsakt hinausgehende synthetische Leistung der inneren Sinne
vollbracht, bei der die Seele im Gedächtnisakt quasi wieder zu dem Gegenstand zurückkehrt, von dem sie ursprünglich die äußere Wahrnehmung empfangen hat. Albert unterscheidet in diesem Sinne die anderen äußeren und
inneren Sinne, die alle in irgendeiner Weise ›a re‹, also von der Sache ausgehen, von Gedächtnis und Erinnerung, die in ihrer Bewegungsrichtung ›ad
rem‹, also zur Sache, ausgerichtet ist.[68] Auch hier steht im Übrigen eine aristotelische inspirierte Gedankenfigur aus *De anima* Pate: Denn Aristoteles beschreibt die Interaktion von Seele und Welt insgesamt als eine Art Kreislauf-
geschehen, das zuerst bei den Dingen anhebt und auf die Seele einwirkt, am
Ende aber in eine Rückbewegung der Seele zu den Dingen mündet.[69] In
diesem Sinne vollendet nach Alberts Auffassung der Gedächtnisakt den Zirkel
der äußeren und inneren Wahrnehmung (*motus sensibilium*),[70] womit seine Son-
derstellung im seelischen Leben begründet wird. Erinnern wird hier also von
Albert als aktives Gedächtnis aufgefasst, das sich durch seine Tätigkeit auf die
Welt ausrichtet. In diesem Sinne wird das Vermögen der *memoria* m. E. bei

---

wählt. Hintergrund für diese Unterscheidung ist u. a., dass in der Aristoteles-Forschung
umstritten ist, ob man sich die Gedächtnisgehalte piktorial zu denken hat, wie insbe-
sondere SORABJI 2004 annimmt. Sofern Albert unter »species« in diesem Kontext auch
Intentionen versteht, schien mir eine Festlegung auf diese Deutung aber nicht ratsam.
ZIOLKOWSKI 2002, 119, schließt sich hingegen in seiner Übersetzung der piktorialen
Lesart auch für Albert an.

68 Vgl. ALBERTUS MAGNUS, *DMR* tr. 1 c. 4 (Ed. Colon. 7/2A), p. 123 v. 3–9; vgl. auch den
frühen Hinweis in Alberts *Physica* l. 1 tr. 1 c. 4 (Ed. Colon. 4/1), p. 7 v. 37–39 (»secundum reditum ex specie sensibili servata apud animam in rem prius acceptam in sensu«).
Die Bedeutung dieser Charakterisierung für *DMR* wird zu Recht hervorgehoben von
STENECK 1974, 202, der auch eine anschauliche Grafik zur Illustration der verschiedenen inneren Sinne und des jeweiligen Verhältnisses zu ihren Objekten bietet.

69 So schließen sich an die Ausführungen zum *noûs* als Höhepunkt der mit der Sinneswahrnehmung anhebenden kognitiven Verarbeitung von Eindrücken der Außenwelt in
ARISTOTELES' *De anima* III direkt die Überlegungen zum Streben der Seele nach äußeren Objekten an. Vgl. in diesem Sinne auch THOMAS VON AQUIN, *Summa theologiae* I–II
q. 13 a. 5 ad 1 m (Ed. Leon. 6), p. 102, der das Streben nach der Sache (»consecutio
rei«) als Bewegung des Willens von der Seele zur Sache hin (»motus voluntatis […] ab
anima ad rem«) charakterisiert.

70 Vgl. ALBERTUS MAGNUS, *DMR* tr. 1 c. 1 (Ed. Colon. 7/2A), p. 113 v. 10–15: »relinquitur
considerandum qualiter anima per sensibilia existentia apud ipsam redit in ipsas res
sensibiles, quae sunt extra ipsam. Tunc enim primo perfectus est motus sensibilium.
Non enim sensibilia accipit anima propter aliud, nisi ut per ipsa in res sensibiles de-
veniat«.

Albert geradezu wesenhaft über den Akt des Erinnerns bestimmt, auf den ja
auch die Produktion und Speicherung von Gehalten in den anderen vier inneren Sinnen teleologisch ausgerichtet sind.

III

Gemäß der aristotelischen Vermögenspsychologie muss nun aber noch ein
weiterer Schritt vollzogen werden, der auch die Originalität der Lektüre Alberts um einige weitere Facetten bereichert. Denn der Akt eines Vermögens ist
wesentlich gebunden an das Objekt, auf das er sich bezieht; so ist der Wahrnehmungsakt (*sentire*) stets bezogen auf einen Wahrnehmungsgegenstand (*sensibile*), ebenso wie der geistige Erkenntnisakt (*intelligere*) immer auf das Erkenntnisobjekt (*intelligibile*) hin zu bestimmen ist. Was ist nun nach Albert das *memorabile*,
also das Objekt des Erinnerns, auf das sich der *actus memoriae* richtet? [71]

Zum Gedächtnisakt gehört nach Albert grundsätzlich neben der Kombination von *figurae* und *intentiones* noch ein weiteres Moment, nämlich die Wahrnehmung einer zeitlichen Differenz, die dem Gedächtnisinhalt anhaftet. [72]
Der Gegenstand der Erinnerung wird, auch wenn er uns jetzt sozusagen
wieder vor dem geistigen Auge steht, nicht als anwesende Sache erinnert,
sondern eben als vergangene. Albert gießt das in eine prägnante Formel: Das
memorabile ist das *praeteritum secundum quod praeteritum*, also das Vergangene, insofern es vergangen ist [73] – und nichts anderes. Damit grenzt er den aristotelischen *memoria*-Begriff eindeutig gegen den augustinischen ab. Denn bei
Augustinus gibt es das Gedächtnis in allen drei Zeitdimensionen, also auch
eine Erinnerung an das Gegenwärtige und Zukünftige. [74] Albert erkennt, dass
eine solche Fassung der *memoria* letztlich auf vermögenpsychologischer Ebene
die Unterschiede von Gegenständen der Erinnerung gegenüber Wahrnehmungs-
und Erkenntnisobjekten verwischt, die seine Darstellung gerade betont:

(1) Bei Wahrnehmungen muss der externe Gegenstand in der Gegenwart
physisch präsent sein, also ein über die Sinnesorgane vermittelter Kontakt
bestehen. Doch die Erinnerung ist ja gerade das Vermögen, allein über das,

71 Vgl. zum Folgenden: ALBERTUS MAGNUS, *DMR* tr. 1 c. 2 (Ed. Colon. 7/2A), p. 116 v. 4 –
   p. 117 v. 13. Vgl. auch die Überlegungen zum *obiectum memoriae* in *De homine* (Ed. Colon.
   27/2), p. 303 v. 60 – p. 305 v. 22.
72 Vgl. auch ALBERTUS MAGNUS, *De homine* (Ed. Colon. 27/2), p. 305 v. 18–20: »memoria
   est potentia reflexiva in rem praeteritam per intentionem et imaginem et tempus«.
73 Vgl. ALBERTUS MAGNUS, *DMR* tr. 1 c. 3 (Ed. Colon. 7/2A), p. 119 v. 31–32. Vgl. auch
   ebd., tr. 2 c. 5, p. 134 v. 27–29: »*Erat enim ipsum memorari* secundum superius determinata
   hoc quod est circa praeteritum ut praeteritum«.
74 Vgl. MÜLLER 2015a, 96 f.

was die Seele schon bei sich hat, zur Sache zurückzukehren, und zwar zu einer nicht mehr anwesenden Sache. Also kann das *memorabile* im eigentlichen Sinne kein *sensibile* sein.[75] Albert stellt im Zuge dieser Überlegungen auch klar, dass die Präsenz der *imagines* und *intentiones* in der Seele, aus denen sich der Erinnerungsakt letztlich konstituiert, nicht so verstanden werden darf, dass das Gedächtnis sich in ihnen doch auf etwas Gegenwärtiges richtet. Das *memorabile* ist das in der Vergangenheit wahrgenommene Ding selbst – und nicht die Komponenten seiner seelischen Repräsentation im Einzelnen oder in ihrer Zusammensetzung. Mit anderen Worten: Wir erinnern uns an die Sache selbst und nicht an unsere seelischen Eindrücke; diese sind Medium und nicht Gegenstand der Erinnerung.[76] Die seelischen Gehalte sind in der Betrachtung, die ihnen im Gedächtnisakt widerfährt, also – in scholastischer Terminologie gesprochen – *medium quo* und nicht *medium quod*.

(2) Auch zu den Objekten der geistigen Erkenntnis, den *intelligibilia*, besteht seitens der *memorabilia* ein gravierender struktureller Unterschied. Denn Erkenntnis im eigentlichen Sinne des Wortes gibt es nur vom Universalen, also vom allgemeinen geistigen Gehalt, der im Erkenntnisprozess nicht nur zunehmend von allem Körperlichen, sondern auch von allem Zeitlichen abstrahiert und losgelöst wird.[77] Dass die Winkelsumme im Dreieck 180 Grad beträgt, kann man zwar an sinnlich wahrnehmbaren Dreiecken ablesen, und wahrscheinlich hat jede/r von uns diesen Satz irgendwann einmal, also zu einem bestimmten Zeitpunkt in der Vergangenheit – mutmaßlich in irgendeiner Mathematikstunde – gelernt. Diese mögliche Rückbindung der geistigen Erkenntnis an ihre realen Entstehungsbedingungen, also an das konkrete Einsehen bzw. Erlernen, ist aber dem Gehalt dieser Einsicht gerade nicht konstitutiv eingeschrieben. Und genau hier sieht Albert die fundamentale Differenz zu Gedächtnis und Erinnerung:

> »Das geistig Erfasste als solches ist nämlich etwas Allgemeines, das überall und immer gilt und von jeder zeitlichen Differenz abgesondert ist. Der Gegenstand des Gedächtnisses hingegen involviert die zeitliche Differenz, welche die vergangene Zeit ist«.[78]

---

75 Zur genaueren Argumentation Alberts vgl. *DMR* tr. 1 c. 2 (Ed. Colon. 7/2A), p. 116 v. 23–52, wo auch die Abgrenzung zum *intelligere* hin erfolgt.

76 Diesen Punkt verdeutlicht Albert ausführlich in dem in *DMR* tr. 1 c. 4 präsentierten und letztlich aufgelösten Zweifel am Vergangenheitsbezug des Gedächtnisses; vgl. bes. (Ed. Colon. 7/2A), p. 122 v. 59 – p. 123 v. 17.

77 Zu diesem Verständnis von *universale* vgl. ALBERTUS MAGNUS, *Analytica Posteriora* l. 1 tr. 5 c. 7 (Ed. Paris. 2), p. 143a.

78 ALBERTUS MAGNUS, *DMR* tr. 1 c. 2 (Ed. Colon. 7/2A), p. 116 v. 33–37: »Intellectum enim secundum quod huiusmodi est universale, quod est ubique et semper et ab omni differentia temporis separatum. Memorabile autem concernit differentiam temporis quae est praeteritum tempus«.

In der Erinnerung wendet man sich auf den vergangenen Gegenstand als
vergangenen zurück, und das schließt grundsätzlich einen Bezug auf die Zeitdifferenz ein, die einen jetzt vom früher Erlebten bzw. Erfahrenen trennt.
Diese Zeitdifferenz kann, wie Albert vertiefend ausführt, mal durch Angabe
eines präzisen Zeitabstands äußerst genau bestimmt, mal eher unbestimmt
sein.[79] An den ersten Kuss erinnert man sich vielleicht auf Jahr und Tag, an die
erste Begegnung mit einem Freund vielleicht eher unter der Beschreibung: »irgendwann in meinen ersten Studiensemestern«, und bei manchen Erinnerungen denkt man sich einfach nur: »Das habe ich doch schon irgendwann einmal
gelesen«. Dieser Zeitindex ist nun konstitutiv für das *memorabile* als Vergangenes,
insofern es vergangen ist:

> »Weil also der Gegenstand des Gedächtnisses irgendeine zeitliche Differenz betrifft,
> muss sich das Gedächtnis auf das in der Vergangenheit Geschehene und weder auf das
> Gegenwärtige noch auf das Zukünftige richten«.[80]

Albert führt dementsprechend Fehlleistungen in diesem Bereich – wenn man
sich z. B. zu erinnern meint, es aber de facto nicht tut und sich darin (selbst)
täuscht – darauf zurück, dass der Zeitbezug auf das Vergangene als Vergangenes in irgendeiner Weise fehlerhaft ist.[81]

Nicht zuletzt dieser unabdingbare Zeitindex der Gedächtnisobjekte ver-
leiht zugleich den Dingen oder Personen, auf die man sich in der Erinnerung
zurückwendet, zugleich den Status der Einmaligkeit. Albert betont nämlich:

> »Wir sagen nämlich dann, dass wir uns (wieder-)erinnern, wenn wir durch das, was wir
> bei uns haben, deutlich (*distincte*) das erkennen, was wir zuvor gesehen, gehört oder
> gelernt haben«.[82]

Der Akzent liegt hier auf der deutlichen bzw. ›distinkten‹ Erkenntnis, die
Albert dann wie folgt konkretisiert:

> »Doch eine deutliche Erkenntnis der Sache entsteht in der Seele dann, wenn erkannt
> wird, dass diese Gestalt die Intention dieser Sache und nicht die einer anderen ist«.[83]

---

79 Zur Unterscheidung von bestimmtem und unbestimmtem Zeitindex sowie zur genauen
    Ausdeutung des seelischen Zeitbezugs vgl. ALBERTUS MAGNUS, *DMR* tr. 2 c. 5 (Ed. Co-
    lon. 7/2A), p. 132 v. 1 – p. 133 v. 17. Die Ausführungen beziehen sich zwar unmittel-
    bar auf die *reminiscentia*, lassen sich aber zwanglos auf die *memoria* übertragen.
80 ALBERTUS MAGNUS, *DMR* tr. 1 c. 2 (Ed. Colon. 7/2A), p. 116 v. 27–29: »Cum igitur
    memorabile concernat aliquam temporis differentiam, oportet quod *memoria sit facti* in
    praeterito et non praesentis neque futuri«.
81 Vgl. ALBERTUS MAGNUS, *DMR* tr. 2 c. 5 (Ed. Colon. 7/2A), p. 134 v. 11–27.
82 ALBERTUS MAGNUS, *DMR* tr. 1 c. 1 (Ed. Colon. 7/2A), p. 113 v. 24–26: »Non enim
    dicimus nos rememorari nisi quando per id quod habemus apud nos distincte cogno-
    scimus id quod prius vidimus vel audivimus vel didicimus«.
83 *Ebd.*, p. 113 v. 53 – p. 114 v. 2.

In der Erinnerung geht es somit um die singulären Intentionen,[84] die von der Einschätzungskraft freigelegt werden und die das Erinnerte zu einer von allen anderen Dingen unterscheidbaren Sache machen. Diese Singularität ist nun mit der Vergangenheit des Erinnerten zusammenzudenken, das genau einmal in der Vergangenheit stattgefunden hat. Im Ergebnis ist das *memorabile* somit letztlich das Individuum, wie Albert es an einer Stelle seines Kommentars prägnant formuliert, also etwas Unverwechselbares und Einmaliges, zu dem man im Erinnern durch den Gedächtnisakt zurückkehrt.[85] Und damit ist natürlich eine größtmögliche Differenz zu dem gegeben, was geistige Erkenntnis ausmacht, nämlich das Erkennen des Universalen in vollkommener Absehung von seinen individuellen Bestimmungen; dieser Akt ermöglicht zwar auch eine Art Rückkehr zur Sache, aber nur insofern sie auch ein Allgemeines ist. Ich erkenne Sokrates als Menschen, aber ich erinnere mich an Sokrates als Sokrates – und zwar an Sokrates zu einem bestimmten oder unbestimmten Zeitpunkt in der Vergangenheit. Der Erinnerungsakt verhält sich in diesem Punkt geradezu antipodisch zur geistigen Erkenntnis und gewinnt dadurch den Charakter einer eigenständigen kognitiven Leistung.

IV

In dieser Differenzierung zu anderen kognitiven Operationen zeigt sich am Deutlichsten die Tragweite, die Albert dem *actus memoriae* beimisst. Die Unterscheidung des Erinnerns sowohl vom sinnlichen Wahrnehmen als auch vom geistigen Erkennen ist keine bloß technische Distinktion, sondern eine programmatische Heraushebung des Erinnerungsaktes unter den anderen seelischen Operationen: Die Rückkehr zur vergangenen Sache in ihrer Individualität ist das irreduzible Proprium des Gedächtnisses.[86] Auf diese Weise erhält die *memoria* bei Albert zugleich eine wesentlich deutlichere und distinktere Rolle im seelischen Gefüge als bei Aristoteles, der zwar in *DMR* eine fokussierte Analyse von Erinnerungsleistungen liefert, diese aber kaum mit der Rahmenpsychologie von *De anima* vermittelt. Albert hingegen sieht den *actus memoriae* als wesentlichen Abschluss der seelischen Wahrnehmung durch die äußeren und inneren Sinne. Im Gedächtnisakt erfolgt eine Art Rückprojektion von vorhandenen seelischen Gehalten auf das, worauf sie sich

---

84 *Ebd.*, p. 114 v. 3–5.
85 Vgl. ALBERTUS MAGNUS, *DMR* tr. 1 c. 4 (Ed. Colon. 7/2A), p. 120 v. 10–12: »*Factus enim motus* sensibilis ad animam *significat unum* individuum in quod reflexio fit per memoriae actum«.
86 Vgl. ALBERTUS MAGNUS, *DMR* tr. 1 c. 3 (Ed. Colon. 7/2A), p. 118 v. 30–58.

beziehen und wovon sie selbst hervorgerufen worden sind. Albert vergleicht das anschaulich mit einem konkaven Spiegel, der einen rundförmigen Spiegel umfasst, und wo das ursprünglich in einem Teil produzierte Bild in einen anderen Teil des Spiegels hineinprojiziert, von dort aber wieder zurückgespiegelt wird.[87]

Vor dem Hintergrund dieses Verständnisses der *memoria* verwundert es nun nicht, dass Albert das peripatetische Gedächtniskonzept systematisch von jeder Art von geistiger Überformung freihält. Dies ist natürlich vom aristotelischen Text her allein schon deshalb geboten, weil dort die Erinnerungskraft auch vielen Tieren zugeschrieben wird, also gerade kein anthropologisches Sondermerkmal ist.[88] Letztlich verfügen diejenigen Lebewesen über ein Gedächtnis, die über einen mehr oder minder präzisen Zeitsinn verfügen.[89] Albert lokalisiert das Gedächtnis folgerichtig eindeutig in der *anima sensitiva*, also in dem Teil der seelischen Kräfte, die der Mensch mit den Tieren teilt, und nicht – wie Augustinus – im menschlichen Geist.[90] Die Existenz geistiger Gehalte im Gedächtnis, die viele seiner lateinischen Vorgänger in Anlehnung an den augustinischen *memoria*-Begriff ins Spiel gebracht haben,[91] wird somit zumindest relativiert, wenn nicht sogar unterminiert. Auch dafür bietet ihm der aristotelische Text von *DMR* einen entsprechenden Boden, denn dort heißt es, dass das Gedächtnis nicht wesenhaft bzw. an sich auf das geistig Erkennbare bezogen ist, sondern nur akzidentell.[92] Albert greift diese Formel mehrfach affirmativ auf und erläutert ihren Gehalt sehr präzise;[93] er unternimmt diese Klärung aber nicht nur aus Treue zum kommentierten Text, sondern auch aus einer gewissen Nähe seiner eigenen Position dazu. Denn in anderen Werken bezieht Albert hinsichtlich der Frage, ob es so etwas wie ein intellektuelles Gedächtnis (*memoria intelligibilium*) gibt, tendenziell eine Position, die der von Avicenna ähnelt (auf den er sich dann stellenweise explizit beruft[94]):

---

87 Vgl. ALBERTUS MAGNUS, *DMR* tr. 1 c. 4 (Ed. Colon. 7/2A), p. 123 v. 9–12.
88 Vgl. ALBERTUS MAGNUS, *DMR* tr. 1 c. 3 (Ed. Colon. 7/2A), p. 118 v. 59–65.
89 Zum Zeitsinn bei Tieren vgl. ALBERTUS MAGNUS, *DMR* tr. 1 c. 2 (Ed. Colon. 7/2A), p. 116 v. 61 – p. 117 v. 12.
90 Zur genauen Argumentation vgl. ALBERTUS MAGNUS, *DMR* tr. 1 c. 3 (»Cuius partis animae sit memoria«).
91 Vgl. mehr dazu unten, in Teil 4(I).
92 Vgl. ARISTOTELES, *DMR* 2 (450 a 13–14).
93 Vgl. ALBERTUS MAGNUS, *DMR* tr. 1 c. 3 (Ed. Colon. 7/2A), p. 118 v. 46–58, p. 119 v. 18–27; tr. 2 c. 2, p. 126 v. 14–30. Eine wesentliche Pointe von Alberts Ausführungen ist, dass wir uns nicht an den geistigen Erkenntnisgehalt selbst erinnern – denn diesen wissen wir einfach –, sondern an den Lernakt, mit dem wir ihn uns angeeignet haben. Vgl. auch die Ausführungen in *De homine* (Ed. Colon. 27/2), p. 302 v. 44 – p. 303 v. 20.
94 Vgl. ALBERTUS MAGNUS, *De homine* (Ed. Colon. 27/2), p. 441 v. 65–72: »Solutio: Sine praeiudicio aliorum dicimus quod anima rationalis proprie loquendo non habet memoriam. Et

Bei einem präzisen Verständnis dessen, was *memoria* im philosophischen Diskurs bedeutet, ist die Rede von einem intellektuellen Gedächtnis letztlich eine Art ›hölzernes Eisen‹.[95] Geistige, und d. h. universale Gehalte können nicht in einem auf das Individuelle ausgerichteten Teil der *anima sensitiva* aufbewahrt oder abgerufen werden. Das unterscheidet Albert im Übrigen deutlich von Thomas von Aquin, der Avicennas Gedächtniskonzept gerade in diesem Punkt massiv attackiert und für eine wesenhafte – und nicht bloß akzidentelle – *memoria intelligibilium* plädiert.[96]

Auch in epistemologischer Sicht spielt die *memoria* bei Albert keine zentrale Rolle für die höherstufigen Formen des geistigen Erkennens, etwa als eine Art Brücke zwischen den inneren Sinnen und dem Intellekt. Nicht das Gedächtnis hat bei Albert die Relaisfunktion von den inneren Sinne zum Intellekt hin inne, sondern die Vorstellungskraft:[97] Denn diese betrachtet die Phantasmata gerade nicht in ihrer Referenz auf vergangene Einzeldinge (wie die *memoria*), sondern eben ›absolut‹ – deshalb kann die Tätigkeit des Intellekts, der das Universale aus dem Singulären abstrahiert, hier gewissermaßen besser andocken als beim Gedächtnis bzw. beim Erinnerungsakt, der ja auf das Phantasma in seinem Verweischarakter auf das Individuelle hin ausgerichtet ist.[98] Das Gedächtnis wird von Albert in *DMR* also konsequent in seiner sinnesphysiologischen Dimension ausbuchstabiert und nicht in ein weiterführendes Modell höherer geistiger Erkenntnisformen eingeordnet.[99] Albert betont dies selbst:

---

si Augustinus dicat quod memoria est pars imaginis, ipse accipit memoriam prout est praeteritorum, praesentium et futurorum, ut supra diximus […]. Sententia autem Avicennae in hoc quod non est habere memoriam animam rationalem, est eadem nobiscum«. Dementsprechend dekretiert er auch: »Magis propriam [sc. diffinitionem memoriae] autem omnibus his dat Avicenna in VI de naturalibus […]« (*ebd.*, p. 301 p. 40–41). Vgl. auch *Super Dionysium De ecclesiastica hierarchia* c. 10 (Ed. Colon. 36/2), p. 78 v. 40 – p. 79 v. 9.

95 Eine ausführliche Analyse der differenzierten Position Alberts in dieser komplexen Frage wird präsentiert in Müller (in Vorbereitung).

96 Vgl. zu Thomas' Argumenten, die sich primär gegen Avicennas dezidierte Leugnung eines intellektuellen Gedächtnisses richten (vgl. *Liber de anima* V 6, ed. Van Riet, p. 146–150), meine Rekonstruktion in Müller 2015b.

97 Vgl. insbesondere Albertus Magnus, *DMR* tr. 1 c. 3 (Ed. Colon. 7/2A), p. 118 v. 14–29.

98 Vgl. in diesem Sinne auch schon Albertus Magnus, *De homine* (Ed. Colon. 27/2), p. 307 v. 12–16: »dicendum quod intellectus contemplatur speciem ut est principium scientiae praesens in anima, et non retorquet eam ad rem acceptam in praeterito, sicut facit memoria«.

99 Wie eine solche Integration aussehen könnte, wird in Albertus Magnus, *Metaphysica* l. 1 tr. 1 c. 6 (Ed. Colon. 16), p. 8 v. 34 – p. 10 v. 31, angedeutet, wo *sensus*, *memoria* und *intellectus* als sukzessive Prinzipien in der Entstehung von Wissen untersucht werden. Vgl. auch Albertus Magnus, *Analytica posteriora* l. 2 tr. 5 c. 1 (Ed. Paris. 2), p. 229b–230b.

»Wir wollen aber über nichts anderes sprechen als über das, was das Gedächtnis hinsichtlich seiner Objekte informiert und konstituiert«.[100]

Das *memorabile* wird aber weder vom Geist konstituiert noch ermöglicht dieser die Rückkehr zur äußeren Sache als vergangener. Dies leisten vielmehr die inneren Sinne, auf deren Betätigung Albert deshalb seine primäre Aufmerksamkeit richtet. Diese Beobachtung wird auch durch Alberts Behandlung der Wiedererinnerung (*reminiscentia*) gestützt.

3.2. Wiedererinnerung als Wiederherstellung des Gedächtnisses

Im zweiten Traktat der Schrift wendet sich Albert dem Phänomen der Wiedererinnerung zu, wobei er hier – ähnlich wie beim Gedächtnis – zwischen dem Akt bzw. der Tätigkeit (*reminisci*) und einem auf diese Weise erreichten Resultat, der *reminiscentia*, unterscheidet.[101] Sein besonderes Interesse gilt dabei erneut den einzelnen seelischen Prozessen, die Wiedererinnern als Akt ermöglichen und bewirken. Die begriffliche Bestimmung des Phänomens, mit der Albert seine kausale Analyse eröffnet, erfolgt wiederum ganz im Einklang mit den peripatetischen Vorläufern:

»Wir werden also zuerst die Lehren von Averroes, Avicenna, Alexander [von Aphrodisias], Themistius und al-Fārābī vorstellen, die alle übereinstimmend sagen, dass die Wiedererinnerung nichts anderes ist als [i] das Forschen [ii] nach etwas Vergessenem [iii] mittels des Gedächtnisses«.[102]

Diese knappe sachliche Bestimmung beinhaltet schon das prinzipielle Gerüst der Analyse Alberts, denn sie bezeichnet die drei wesentlichen Momente, die es näher zu klären gilt, nämlich den prozessualen Charakter des Wiedererinnerns [i] in seinem Bezug auf das Gedächtnis [iii] sowie sein Objekt, das *reminiscibile* [ii].

---

100 ALBERTUS MAGNUS, *DMR* tr. 2 c. 3 (Ed. Colon. 7/2A), p. 118 v. 51–52: »Non autem volumus dicere nisi de eo quod informat et facit memoriam quoad memorabilia«.

101 Vgl. ALBERTUS MAGNUS, *DMR* tr. 2 c. 7 (Ed. Colon. 7/2A), p. 137 v. 25–30.

102 ALBERTUS MAGNUS, *DMR* tr. 2 c. 1 (Ed. Colon. 7/2A), p. 124 v. 8–11: »Ponemus igitur primos sententias Averrois et Avicennae et Alexandri et Themistii et Alfarabii, qui omnes concorditer dicunt quod reminiscentia nihil aliud est nisi investigatio obliti per memoriam«.

I

Werfen wir einen näheren Blick auf die drei Komponenten der obigen Begriffsbestimmung: Das Wiedererinnerte [ii] ist etwas, was wir früher schon einmal im Gedächtnis präsent hatten, das uns aber mittlerweile irgendwie entfallen ist – etwas Vergessenes, an das wir uns vergeblich direkt zu erinnern versuchen. Um das beispielhaft zu veranschaulichen: Man begegnet auf einer wissenschaftlichen Konferenz einer Fachkollegin, die man definitiv kennt (daran zumindest erinnert man sich), stellt aber zur eigenen Bestürzung fest, dass man ihren Namen vergessen hat. Das Gedächtnis als direkter Zugriff verweigert also in diesem Punkt den Dienst. Nun beginnt dann der verzweifelte Versuch, doch noch irgendwie auf indirektem Wege diesen Namen zu finden, um der sich abzeichnenden peinlichen Situation zu entkommen. Der so in Gang gesetzte Prozess des Wiedererinnerns [i] hat den Charakter einer Suche bzw. einer Nachforschung (*investigatio*). Den Ausgangspunkt für diese Suchtätigkeit des Wiedererinnerns muss nun nach Albert immer etwas bilden, was wir – im Gegensatz zum Vergessenen – noch ›bei uns‹ (*apud nos*) haben, also ein vorhandener Gedächtnisinhalt, der aktiv abrufbar ist. Das erste Prinzip der Wiedererinnerung ist also stets etwas noch Erinnertes, das unsere Suche auf den Weg bringt [103] – in diesem Sinne erfolgt die Suchbewegung der *reminiscentia* mittels der *memoria* [iii], aus der ggf. noch weitere im Gedächtnis verknüpfte Gehalte in den Prozess eingehen. Um zum oben begonnenen Beispiel zurückzukehren: So könnte ich mich z. B. daran erinnern, dass ich die Kollegin das letzte Mal bei einer *Lectio Albertina* vor zwei Jahren gesehen habe und mich anschließend bei einem gemeinsamen Abendessen länger mit ihr unterhalten habe. Sie hatte damals Fisch bestellt und scherzhaft bemerkt, dass ihr eigener Nachname phonetisch nah am bestellten Gericht liegt: Frau Kabeljau? Frau Lachs? Frau Dorsch? – Richtig, ›Dorschner‹ heißt die Kollegin. Die Wiedererinnerung ist damit erfolgreich abgeschlossen.

Dieses natürlich nicht von Albert stammende Beispiel – seine eigene ausführliche, an Aristoteles anschließende Exemplifikation in *DMR* ist um einiges verschlungener [104] – verdeutlicht in bewusst simplifizierter Form den inneren Mechanismus, durch den das Wiedererinnern angetrieben wird. Durch ›Kramen‹

---

103 Vgl. Albertus Magnus, *DMR* tr. 2 c. 3 (Ed. Colon. 7/2A), p. 132 v. 32–34: »Id enim reminiscimur cuius in se habemus oblivionem, sed principii eius recordamur per memoriam«.

104 Vgl. Albertus Magnus, *DMR* tr. 2 c. 4 (Ed. Colon. 7/2A), p. 130 v. 8–17. Allerdings erwähnt Albert zumindest die falsche Erinnerung an einen vergessenen Namen als Beispiel für eine missglückte Wiedererinnerung, vgl. *DMR* tr. 2 c. 4 (Ed. Colon. 7/2A), p. 131 v. 50–57.

im eigenen Gedächtnis entsteht eine gedankliche Verknüpfungskette, in der man dem Vergessenen Schritt für Schritt näherkommt, indem man verschiedene Inhalte miteinander kombiniert oder probehalber verknüpft. Die Produktion und auch die Komposition der einzelnen Kettenglieder wird von Albert erneut in ein komplexes Wechselspiel verschiedener innerer Sinne eingebunden, bei der neben der *memoria* auch die Vorstellungskraft als Fähigkeit zur Kombination separater seelischer Inhalte involviert ist.[105] Albert vergleicht diese Tätigkeit im direkten Anschluss an den aristotelischen Text mit der Bildung von Syllogismen, also logischen Schlussgefügen, bei denen aus bekannten Prämissen (gefasst als Prinzipien) eine noch unbekannte Schlussfolgerung generiert wird. Das ist nach seinem Verständnis aber v. a. als ein Vergleich bzw. als eine Analogie und nicht etwa eine definitorische Bestimmung zu verstehen: Das Wiedererinnern ist zwar *wie* das Bilden von Syllogismen,[106] es ist aber selbst nicht als Syllogismus aufzufassen. Dies lässt sich in direkter Anlehnung an Alberts Ausführungen systematisch an drei Punkten festmachen:

(1) Der Syllogismus ist grundsätzlich ein Medium zum Wissenserwerb, also zum Erlernen von etwas, was man vorher noch nicht wusste. Die Wiedererinnerung hingegen gilt dem Wiederauffinden von etwas bereits Bekanntem, das man eben bloß vergessen hat. Albert grenzt deshalb die *reminiscentia* auch deutlich von einem bloßen »erneuten Lernen« ab.[107]

(2) Der Syllogismus beruht in seinem Fortschreiten einzig und allein auf dem Prinzip der logischen Notwendigkeit, mit dem die Termini miteinander verknüpft werden. Albert nimmt nun an, dass die Verknüpfung zwischen den verschiedenen seelischen Gehalten beim Wiedererinnern ebenfalls einer inneren Ordnung (*ordo*) zu folgen hat.[108] Diese Ordnung kann dabei durchaus den Stempel der Notwendigkeit (*necessitas*) tragen, wenn die Verknüpfung der sachlichen Gehalte zwangsläufigen Charakter hat. Albert nennt aber explizit auch zwei andere mögliche Ordnungsprinzipien, nach denen das Wiedererinnern erfolgen kann: So kann die Verknüpfung auch auf Wahrscheinlichkeit (*probabilitas*) beruhen, wenn die sachlichen Zusammenhänge weniger zwingend, aber immer noch in der Regel nachvollziehbar sind. Von diesen beiden

---

105 Albert schließt sich hier erneut einer von ihm selbst ›standardisierten‹ peripatetischen Deutung des Prozesses an, vgl. *DMR* tr. 2 c. 1 (Ed. Colon. 7/2A), p. 124 v. 13–27.

106 Vgl. Albertus Magnus, *DMR* tr. 2 c. 6 (Ed. Colon. 7/2A), p. 135 v. 5: »sicut syllogismus«. Dies entspricht der Formulierung im aristotelischen Original (453 a 10: *hoion syllogismos tis*).

107 Vgl. Albertus Magnus, *DMR* tr. 2 c. 3 (Ed. Colon. 7/2A), p. 129 v. 45–51.

108 Vgl. zur folgenden Unterscheidung der drei Ordnungen: Albertus Magnus, *DMR* tr. 2 c. 3 (Ed. Colon. 7/2A), p. 127 v. 30 – p. 128 v. 27.

Ordnungen, die auf Seiten der wiederzuerinnernden Sache bestehen (*ex parte reminiscibilis*) ist eine dritte zu unterscheiden, die auf gewohnheitsmäßiger Assoziation (*consuetudo*) seitens desjenigen beruht, der sich wiedererinnert (*ex parte reminiscentis*). Diese dritte Ordnung, auf deren zentrale Bedeutung weiter unten noch näher einzugehen sein wird, folgt nicht mehr der allgemeinen Logik der Sache, sondern der Logik der individuellen Seele: Sachlich zwingend verknüpft jede/r die Mosel mit dem Konzept ›Fluss‹, auf der Ebene des Wahrscheinlichen in der Regel mit ›Riesling‹, in der Ordnung der persönlichen Gewohnheit aber z. B. mit einem bestimmten Weingut, auf dem man regelmäßig exzellente Spätlesen verkostet. Diese Ordnungen unterscheiden sich nach Albert in der Effizienz bzw. Schnelligkeit, mit der sie die gesuchten Verbindungen herstellen; die zweite sowie insbesondere die dritte Ordnung sind aber in der Konsequenz des Schließens definitiv nur ›wie‹ ein Syllogismus, weil ihnen keine objektive Notwendigkeit inhäriert.

(3) Den wesentlichsten Unterschied der Wiedererinnerung zu ›echten‹ Syllogismen markiert Albert selbst wie folgt:

»Das Wiedererinnern, insofern es ein Nachforschen mittels des Gedächtnisses darstellt, ist wie ein Schlussverfahren, das von einem Prinzip ausgeht. Trotzdem ist es kein richtiges Schlussverfahren, weil es an sich von einzelnen [Gehalten] zu den Dingen und nicht zu irgendeiner durch die Prinzipien bewirkten [allgemeinen] Erkenntnis voranschreitet; sondern es dringt zu der Sache vor, die zuerst die Erkenntnis in der Seele bewirkt hat«.[109]

Der Gegenstand der Wiedererinnerung, das *reminiscibile*, ist also ebenso wie das *memorabile* kein innerseelischer Gehalt, sondern die äußere Sache. Hier markiert Albert eine für sein Verständnis grundlegende Strukturparallele: Ebenso wie die *memoria* ermöglicht die *reminiscentia* primär eine Rückkehr zu der extraseelischen Sache, eine *reditio / reflexio in rem*. Konsequenterweise fasst er somit das Wiedererinnerte in Analogie zum *memorabile* auch als etwas Vergangenes, insofern es vergangen ist, auf, ebenso wie das Erinnerte. Albert verwendet dementsprechend ein längeres Kapitel dieses zweiten Traktats auf eine genaue Analyse des Zeitbezugs der *reminiscentia*.[110]

---

109 Albertus Magnus, *DMR* tr. 2 c. 6 (Ed. Colon. 7/2A), p. 135 v. 4–9: »*reminisci*, cum sit investigatio per memoriam, *est* sicut *syllogismus quidam* a principio procedens. Non tamen est vere syllogismus, quia procedit per se ex particularibus in res et non in cognitionem aliquam factam per principia; sed procedit in rem quae primo fecit cognitionem in anima«.

110 Vgl. Albertus Magnus, *DMR* tr. 2 c. 5 (»Qualiter omnis reminiscentia necessario accipit tempus praeteritum«). Eine wesentliche Grundidee Alberts ist dabei eine Art Proportionalitätsgrundsatz: Die seelischen Gehalte sind zwar nicht selbst räumlich und zeitlich strukturiert, entsprechen aber in ihren inneren Relationen den Verhältnissen der von ihnen intendierten äußeren Sachen, vgl. *ebd.* (Ed. Colon. 7/2A), p. 133 v. 23: »intentio proportionatur ei quod intenditur per ipsam«.

II

Die teleologische Ausrichtung der Tätigkeit des Wiedererinnerns ist es somit, den zwischenzeitlich verloren gegangenen Kontakt des Gedächtnisses mit der vergangenen Wirklichkeit wiederherzustellen. Den wesentlichen Unterschied zwischen Gedächtnis und Wiedererinnerung macht Albert nun an dieser letztlich in beiden Phänomenen intendierten Bewegung zur vergangenen Sache fest. Das Gedächtnis bzw. das Erinnern ermöglicht eine durchgängige und eingestaltige Bewegung (*motus continuus* bzw. *uniformis*) zur Sache hin: Der Kontakt mit ihr bleibt durchgängig erhalten und wird letztlich auf identische Weise etabliert. Im Gegensatz dazu liegt in der Wiedererinnerung eine unterbrochene bzw. vielgestaltige Bewegung (*motus interceptus et diversificatus*) zur Sache vor:[111] Denn durch das Vergessen ist diese Verbindung temporär abgerissen, und ihre Wiederherstellung bedarf keines einfachen Erinnerns, sondern eines komplexen Verknüpfungsprozesses mit mehreren Zwischengliedern. Die Analyse der verschiedenen Verknüpfungsmöglichkeiten und der psychologischen Prozesse des Wiedererinnerns macht einen größeren Teil dieses zweiten Traktats aus, aber entscheidend ist das dadurch bewirkte Resultat: Denn durch den Vorgang der Wiedererinnerung wird letztlich ein scheinbar verlorener Gedächtnisgehalt erneut aktiviert, also wieder eine direkte Verbindung mit der außerseelischen Sache etabliert. Das Wiedererinnern wird also gewissermaßen von Gedächtnisakten flankiert: Denn jede Wiedererinnerung hebt mit einem partiellen Erinnern an, welches das Prinzip für den anschließenden Suchvorgang liefert, und schließt mit einer erneuten Einschreibung des zwischenzeitlich Vergessenen in das Gedächtnis ab.[112] Eine Wiedererinnerung ohne Gedächtnisakt ist also nach Albert gar nicht möglich.[113]

Albert sieht somit eine enge Verflechtung zwischen den beiden Phänomenen von Gedächtnis und Wiedererinnerung. Damit tritt er der v. a. in augustinisch geprägten Texten erkennbaren Tendenz entgegen, die Wiedererinnerung als eine Art intellektuelles Gedächtnis zu fassen, das neben und weitgehend unabhängig vom Gedächtnis des sinnlich Wahrnehmbaren existiert. Die Wiedererinnerung hat bei ihm nicht, wie in der platonischen Tradition der *anamnêsis*, einen ausgezeichneten Bezug auf allgemeine Gegenstände der geistigen Erkenntnis,

---

111 Vgl. ALBERTUS MAGNUS, *DMR* tr. 2 c. 1 (Ed. Colon. 7/2A), p. 124 v. 29–39; tr. 2 c. 2, p. 125 v. 47–53, p. 126 v. 33 – p. 127 v. 20. Diese Grundidee übernimmt Albert von AVERROES, *De memoria et reminiscentia* (CCAA 7), p. 64 v. 51 – p. 65 v. 65, baut sie aber nachhaltig inhaltlich aus.
112 Vgl. ALBERTUS MAGNUS, *DMR* tr. 2 c. 2 (Ed. Colon. 7/2A), p. 126 v. 10–14.
113 Vgl. *ebd.*, p. 127 v. 1–4.

wie etwa die zeitlosen Ideen, sondern richtet sich wie die *memoria* auf das Singuläre bzw. Individuelle aus. In dieser Hinsicht ist die Wiedererinnerung auch eng mit der Körperlichkeit verbunden: Es dürfe niemand glauben,

> »dass die Wiedererinnerung ausschließlich gemäß dem getrennten Geist statthat. Weil nämlich das Ziel der Akte der Wiedererinnerung in der Aufnahme des Vergangenen unter einem feststehenden oder unbestimmten Zeitmaß liegt, ist es erforderlich, dass die Wiedererinnerung eine Bewegung und eine körperliche Affektion darstellt«.[114]

Das Wiedererinnern bewegt sich nach Albert letztlich in physischen Bahnen, nämlich in Form von körperlich verwurzelten seelischen Gehalten, und bringt ein entsprechendes Resultat, eine körperliche Affektion (*passio corporea*) hervor. Die Beteiligung der Vernunft an diesem Vorgang ist dabei primär operativ gedacht: Für das komplexe Verknüpfen seelischer Gehalte und für eine kettenartige Schlussfolgerung bedarf es einer höherstufigen kognitiven Instanz, als sie innerhalb der rein sinnenhaften Seele zur Verfügung steht. Deren Aufgabe besteht v. a. in der Überlegung (*deliberatio*). Deshalb tritt die Wiedererinnerung als Phänomen nur beim Menschen, nicht aber bei Tieren auf, obwohl diese ja durchaus über Gedächtnis verfügen und auch zu instinktartigen Verknüpfungen von seelischen Gehalten fähig sind, die sich in entsprechenden Verhaltensformen ausdrücken.[115]

Bestätigende Indizien für die postulierte körperliche Fundierung der Wiedererinnerung findet Albert nicht zuletzt darin, dass die qualitative Ausprägung dieses Vermögens von der individuellen körperlichen Mischung (*complexio*) aus den elementaren Qualitäten wie Feuchtigkeit und Trockenheit sowie Wärme und Kälte bestimmt zu sein scheint.[116] Insofern hängt sie u. a. auch vom Lebensalter und vom Temperament – im Sinne der antiken Säftelehre – ab, was Albert in ähnlicher Weise für die Fähigkeit zur *memoria* geltend macht.[117] Diese körperlichen Dispositionen variieren durchaus, auch in dem Sinne, dass Gedächtniskraft und Vermögen zur Wiedererinnerung keineswegs immer Hand in Hand gehen, sondern deutlich voneinander abweichen können. In diesen Passagen schöpft Albert nicht nur aus den Beispielen, die Aristoteles

---

114 Albertus Magnus, *DMR* tr. 2 c. 7 (Ed. Colon. 7/2A), p. 135 v. 23–27: »non debet aliquis credere quod reminiscentia accidit solum secundum intellectum separatum. Cum enim reminiscentiarum finis sit acceptio praeteriti sub metro certo vel incerto, oportet quod sit reminiscentia motus et passio corporea«. Vgl. auch *ebd.*, tr. 2 c. 7, p. 136 v. 8 und v. 29–31 zur *reminiscentia* als körperlicher Affektion.

115 Vgl. Albertus Magnus, *DMR* tr. 2 c. 6 (Ed. Colon. 7/2A), p. 135 v. 1–19. Zu den Beispielen aus der Tierpsychologie, vgl. tr. 1 c. 2, p. 117 v. 3–12.

116 Vgl. hierzu die zahlreichen Beispiele, die Albert in *DMR* tr. 2 c. 7 gibt.

117 Vgl. die Ausführungen zur »corporaliter sigillata memoria« in *DMR* tr. 1 c. 4 (Ed. Colon. 7/2A), p. 120 v. 16 – p. 121 v. 36.

selbst in *DMR* und andernorts in seinen naturphilosophischen bzw. biologischen Schriften gibt, sondern auch aus dem reichen Fundus medizinischer Literatur, der in die antike und mittelalterliche Gedächtnistradition peripatetischer Prägung eingeflossen ist. Hier wartet er also weniger mit eigenen Erkenntnissen auf, analysiert und illustriert aber den aristotelischen Text stellenweise recht originell unter Rekurs auf seine weit gestreuten Kenntnisse zur Physiologie.[118]

Über dieser Fülle an einzelnen Beobachtungen sollte man allerdings nicht den basso continuo überhören, den Albert im zweiten Traktat anschlägt: Letztlich geht es ihm in erster Linie um den empirisch fundierten Nachweis, dass auch die *reminiscentia* – trotz der operativen Beteiligung der überlegenden Vernunft an ihren schlussfolgernden Prozessen – ihren vermögenspsychologischen Ort in der *anima sensitiva* hat. Dies hatten die von ihm zuvor so gescholtenen lateinischen Autoren mit ihrer Behauptung, die Wiedererinnerung gehöre an sich zum geistigen Teil der Seele, ja gerade in Frage gestellt.[119] Albert bleibt hier auch in seiner Aristoteles-Kommentierung der Linie treu, die er bereits in *De homine* abgesteckt hat:[120] Insofern sich die Wiedererinnerung ebenso wie das Gedächtnis auf das singuläre Vergangene, insofern es vergangen ist, bezieht, hat sie es wesenhaft mit Gehalten der sinnlichen Seele zu tun. Albert schlussfolgert unzweideutig:

> »Es ist zu sagen, dass die Wiedererinnerung ein Vermögen der sinnenhaften Seele ist. In ihrem Ort fällt sie mit dem Gedächtnis zusammen, unterscheidet sich aber in ihrer Verfahrensweise *(ratio)*«.[121]

Mit der unterschiedlichen *ratio* von *reminiscentia* und *memoria* sind vor allem die Differenzen in den Tätigkeiten der beiden Vermögen angesprochen, die Albert keineswegs marginalisiert, sondern ausdrücklich hervorhebt.[122] Gedächtnis und

---

118 Zu erwähnen sind z. B. seine Erklärungen dafür, warum Melancholiker eine besonders ausgeprägte, aber für sie selbst nahezu unkontrollierbare Fähigkeit zur Wiedererinnerung besitzen: tr. 2 c. 7 (Ed. Colon. 7/2A), p. 136 v. 9–21 u. 49–60. Vgl. hierzu konkret Donati 2009, 521–537, sowie Theiss 1997, 120–130, zu Alberts Verständnis von Melancholie insgesamt. Donati hebt die Originalität der Deutung von Albert hervor, der Melancholie hier nicht so sehr als pathologische, sondern als für die Wiedererinnerung besonders förderliche Disposition charakterisiert.

119 Vgl. Albertus Magnus, *DMR* tr. 2 c. 1 (Ed. Colon. 7/2A), p. 124 v. 11–12: »Non igitur credendum est eis qui dicunt reminiscentiam esse partis intellectualis animae secundum se«.

120 Vgl. Albertus Magnus, *De homine* (Ed. Colon. 27/2), p. 310 v. 1 – p. 311 v. 17 (»Cui parti animae insit reminiscentia«).

121 *Ebd.*, p. 310 v. 54–56: »Dicendum quod reminiscentia est virtus animae sensibilis, et est in subiecto eadem cum memoria, sed differt in ratione«. Zur Begründung vgl. in erster Linie p. 311, v. 7–14. Albert rekurriert in diesem Zitat direkt auf Averroes; vgl. p. 309 v. 19–21.

122 Vgl. *ebd.*, p. 309 v. 30–55. Zu den Unterschieden von Gedächtnis und Wiedererinnerung in ihrer Tätigkeit vgl. auch Albertus Magnus, *DMR* tr. 2 c. 2 (Ed. Colon. 7/2A), p. 125 v. 47 – p. 126 v. 32.

Wiedererinnerung sind zwei verschiedene Kräfte der sinnlichen Seele, mit je eigenen, wenn auch – wie oben dargelegt – aufeinander bezogenen Tätigkeiten. Was sie teilen, ist der körperliche Ort, an dem sie angesiedelt sind und an dem sich ihre Tätigkeiten vollziehen: Der Sitz bzw. die körperliche Realisierungsinstanz von *memoria* und *reminiscentia* ist die letzte Kammer des menschlichen Gehirns, die im hinteren Kopfteil angesiedelt ist. Albert folgt dabei weitgehend der bis in die Antike zurückreichenden Tradition der Lokalisierung der Prozesse der inneren Sinne in verschiedenen Hirnventrikeln.[123] Durch die Dislozierung in der letzten Kammer des Gehirns wird nach Albert die teleologische Ausrichtung der anderen inneren Sinne, die in den vorhergehenden Ventrikeln angesiedelt sind, auf die Tätigkeiten von Gedächtnis und Wiedererinnerung auch in der körperlichen Anordnung dargestellt.[124] Die Konsistenz dieses Ventrikels sowie Verletzungen bzw. Schädigungen in diesem Hirnbereich wirken sich nachhaltig auf die Fähigkeiten des Erinnerns und Wiedererinnerns aus. Dies ist hier alles nicht im Detail zu entwickeln, zumal die beiliegende Übersetzung den daran näher Interessierten ggf. ein ausführliches Nachlesen ermöglicht.

Worum es Albert mit diesen Ausführungen im Blick auf die Wiedererinnerung geht, ist Folgendes: Auch die *reminiscentia* ist durch ihren Sitz und ihre organisch fundierte Tätigkeit eine »körperliche Kraft, obwohl in ihre Verfahrensweise auch ein Akt der Vernunft fällt«.[125] Albert bindet die *reminiscentia* somit insgesamt recht eng an die physiologischen Voraussetzungen an, die auch für die Gedächtnistätigkeit von grundlegender Bedeutung sind. Damit bleibt aber festzuhalten, dass die Wiedererinnerung in Alberts Lektüre des aristotelischen Textes keinen harten Schnitt zwischen dem Körperlichen und dem Geistigen markiert, sondern dass auch die *reminiscentia*, ebenso wie die *memoria*, wesentlich als ein psychophysisches Phänomen auf der Ebene der menschlichen *anima sensitiva* verstanden wird. Für eine Einbindung der Wiedererinnerung in

---

123 Zur Entwicklung der Lehre von den Gehirnhöhlen in Antike und Mittelalter (inklusive verschiedener Beispiele für deren grafische Illustration in mittelalterlichen Codices) vgl. SUDHOFF 1913, insbes. 149 f. u. 172 f. zu Albert. Vgl. auch die instruktive Darstellung zu »Seele, Gehirn und Spiritus« bei THEISS 1997, 35–43, sowie CARRUTHERS 2008, Kap. 2. Zur Psychophysiologie von *memoria* und *reminiscentia* bei Albert und ihren Quellen vgl. ANZULEWICZ 2005, 183–191 und 197–199.

124 Vgl. ALBERTUS MAGNUS, *DMR* tr. 1 c. 1 (Ed. Colon. 7/2A), p. 114 v. 30–35. Deshalb weist Albert entschieden die Theorie ab, dass das Gedächtnis seinen Sitz im vorderen Kopfteil haben könnte: ebd., p. 115 v. 1–16. Vgl. auch *De homine* (Ed. Colon. 27/2), p. 305 v. 24 – p. 306 v. 41 (»De organo memoriae«).

125 ALBERTUS MAGNUS, *De homine* (Ed. Colon. 27/2), p. 309 v24–25 (»corporea virtus, sed tamen in sui ratione cadit actus rationis«).

höhere intellekttheoretische Spekulationen, wie sie sich von einer platoni-
schen und augustinischen Warte aus anbieten würden, findet sich hier kein
Anhaltspunkt – und Albert zeigt hier auch kein Interesse an einer solchen
Konstruktion.

III

Woran Albert in *DMR* hingegen ein ausgeprägtes Interesse zeigt, ist die ge-
nauere Aufschlüsselung der psychologischen Prozesse, die im Wiedererinnern
am Werk sind. Vor allem im Blick auf den schon oben angesprochenen *ordo
consuetudinis*, also die gewohnheitsmäßige Verknüpfung von seelischen Gehalten, entfaltet er eine Art Assoziationspsychologie: Diese Inhalte stehen in
einem bestimmten Verhältnis zueinander, zum Beispiel dem der raumzeitli-
chen Nähe, der Ähnlichkeit oder auch des Gegensatzes, wodurch eine Verknüpfung der einzelnen Glieder ermöglicht wird.[126] Diese assoziationspsy-
chologischen Gesetzmäßigkeiten antizipieren in vielen Punkten die späteren
Überlegungen von David Hume zu dieser Thematik.[127] In *De homine* gibt
Albert einige instruktive Beispiele: Beim Anblick eines Buchs erinnert man
sich wieder an seinen Lehrer, und damit ist der Gedanke an seine überra-
genden geistigen Fähigkeiten und die Nützlichkeit seiner Lehre verknüpft;[128]
über Cicero erinnern wir uns an Cato wieder, wegen ihrer freundschaftlichen
Beziehung miteinander oder weil sie sich so ähnlich waren.[129]

Das Entscheidende für die Wiedererinnerung ist dabei der möglichst schnelle
und nahtlose Übergang zwischen den verschiedenen Gliedern der Assozia-
tionskette. Im besten Fall ist dieser Prozess quasi automatisiert, also so weit
entwickelt, dass der Übergang sogar ohne bewusste Aufmerksamkeitslenkung
auf die verschiedenen Zwischenglieder vollzogen werden kann.[130] Auf diese
Weise ließe sich dann beispielsweise auch das altbekannte Phänomen erklären,

---

126 Vgl. zu diesen Prinzipien: ALBERTUS MAGNUS, *DMR* tr. 2 c. 3 (Ed. Colon. 7/2A), p. 127
v. 50–57; *De homine* (Ed. Colon. 27/2), p. 312 v. 4–25.

127 Vgl. HUME, *Eine Untersuchung über den menschlichen Verstand*, p. 24–25 (»Dritter Abschnitt:
Über die Assoziation der Vorstellungen«), wo als drei grundlegende Verknüpfungsprin-
zipien Ähnlichkeit, Berührung in Zeit oder Raum sowie Ursache und Wirkung angegeben werden.

128 Vgl. ALBERTUS MAGNUS, *De homine* (Ed. Colon. 27/2), p. 308 v. 65–68. Dieses Beispiel
übernimmt er von Avicenna. In leichter Variation wiederholt Albert es *ebd.*, p. 309
v. 46–50.

129 Vgl. ALBERTUS MAGNUS, *De homine* (Ed. Colon. 27/2), p. 312 v. 19–22.

130 Vgl. ALBERTUS MAGNUS, *DMR* tr. 2 c. 3 (Ed. Colon. 7/2A), p. 127 v. 37 – p. 128 v. 2
(»occurrit […] etiam absque attentione«).

dass man einen in der Wiedererinnerung gesuchten Gehalt – z. B. einen vergessenen Namen – beim angestrengten Nachdenken darüber zuerst nicht findet, obwohl er ›auf der Zunge liegt‹, er einem aber dann wenige Minuten später doch noch ›einfällt‹. In der Wiedererinnerung zeigt sich nach Albert a fortiori die ›Macht der Gewohnheit‹,[131] die letztlich durch zahlreiches Wiederholen und Einüben einen Tätigkeitsmodus erlangen kann, der in seiner Schnelligkeit und Zuverlässigkeit dem Wirken natürlicher Prozesse gleicht.[132] Damit rekurriert Albert auf die aristotelische Idee, dass bestimmte habituell erworbene bzw. angeeignete Eigenschaften den Charakter einer ›zweiten Natur‹ haben.[133] Diese Natürlichkeit des Prozesses hat allerdings auch ihre Tücken bzw. Kehrseiten: Wiedererinnerungsprozesse können ohne Beteiligung des eigenen Willens auftreten und ggf. andere seelische Tätigkeiten überlagern bzw. blockieren, weil man den Wiedererinnerungsprozess nicht beliebig anhalten kann.[134] Auch hier spielen nach Albert oft bestimmte physiologische Voraussetzungen im Gehirn und im Temperament eine zentrale Rolle in der Pathogenese.[135]

Bemerkenswert ist nun, wie Albert diese Analysen zur natürlichen Assoziationspsychologie in *DMR* in einen fruchtbaren Dialog mit der antiken Tradition der Mnemotechnik bringt. Er verknüpft im zweiten Traktat seiner Schrift nämlich die aristotelische Analyse des Prozesses der Wiedererinnerung mit den Anweisungen, die Cicero in seiner Rhetorik für die systematische Schulung und Erweiterung des Gedächtnisses gegeben hat.[136] In *De bono* hat

---

131 Vgl. *ebd.*, p. 127 v. 38: »quia vis maxima consuetudinis est«. Vgl. auch tr. 2 c. 6, p. 135 v. 19 (»consuetudinis […] aucoritate«).

132 Zur Macht der Gewohnheit in der Wiedererinnerung vgl. auch ALBERTUS MAGNUS, *DMR* tr. 2 c. 3 (Ed. Colon. 7/2A), p. 128 v. 38–45; tr. 2 c. 4, p. 131 v. 25–38. Siehe auch *De homine* (Ed. Colon. 27/2), p. 308 v. 49 – p. 309 v. 4.

133 Zur Reichweite dieser Idee in der aristotelischen Ethik vgl. MÜLLER 2006. Auch hier gibt es im Übrigen ein Echo bei David HUME, der Gewohnheit (»custom« bzw. »habit«) als fundamentales Prinzip der menschlichen Natur charakterisiert (*Untersuchung über den menschlichen Verstand*, p. 55–58) und dabei konstatiert, die Gewohnheit sei »die große Führerin im menschlichen Leben (the great guide of human life)« (*ebd.*, 57).

134 Zu diesem »involuntarius cursus reminiscentiae« vgl. ALBERTUS MAGNUS, *DMR* tr. 2 c. 7 (Ed. Colon. 7/2A), p. 136 v. 49–60.

135 Vgl. hierzu auch ALBERTUS MAGNUS, *De homine* (Ed. Colon. 27/2), p. 311 v. 50 – p. 312 v. 3.

136 Albert stellt diesen Bezug selbst explizit in *DMR* tr. 2 c. 1 (Ed. Colon. 7/2A), p. 125 v. 21–35 und in c. 3 (»De arte et modo reminiscendi«), bes. p. 128 v. 36ff., her. Allerdings bezieht er sich auf ein Werk, das CICERO fälschlich zugeschrieben wurde, *Ad Herennium*; mehr hierzu und zu den anderen Quellen der klassischen Gedächtniskunst bieten YATES 1990, 11–33, und COLEMAN 1992, 39–59. Ich differenziere nachfolgend nicht weiter zwischen Cicero und Ps.-Cicero, insofern sich diese philologische Frage nicht auf Alberts Deutung oder deren Bewertung auswirkt.

Albert die Präzepte Ciceros zur Gedächtnisschulung gegen mögliche Ein-
wände verteidigt und als beste Form der *ars memorativa* ausgewiesen;[137] in
DMR liefern diese ciceronianischen Überlegungen zur Strukturierung des
Gedächtnisses durch Orte und Bilder nun das Material, an dem Albert die
Such- und Verknüpfungsprozesse, die im Akt der Wiedererinnerung stattfin-
den, anschaulich exemplifiziert. Um nur ein Beispiel dafür herauszugreifen,
wie Albert dabei auf Überlegungen der antiken Rhetorik zurückgreift: Er
beschäftigt sich u. a. mit der Frage, warum manchmal eine stärkere Verknüpfung – und damit eine bessere Eignung für Prozesse der Wiedererinnerung – von seelischen Gehalten bei Dingen vorliegt, mit denen wir nur ein
einziges Mal konfrontiert waren, als bei solchen, denen wir schon wiederholt
begegnet sind. Neben altersbedingten Dispositionen nennt Albert folgende
alternative Erklärung:

> »Der andere Grund ist hingegen die Verfasstheit der Sache, welche die Seele bewegt,
> und zwar in zweifacher Form: nämlich als heftige Lustempfindung und als heftige Ab-
> scheu. Diese dringen nämlich tief in die Seele ein und halten lange an«.[138]

Die Persistenz und Abrufbarkeit von Gedächtnisinhalten im Rahmen von
Prozessen der Wiedererinnerung wird offensichtlich durch das Phänomen des
in der modernen Psychologie so genannten ›affective bias‹ nachhaltig be-
einflusst: Seelische Gehalte mit einer besonderen emotionalen Salienz – ob
nun positiv oder negativ – sind uns schneller und intensiver präsent als solche,
die uns gewissermaßen kalt lassen. Albert erklärt mit diesem Phänomen auch,
dass manchmal die Suchbewegung der *reminiscentia* am Anfang ins Stocken
gerät: In solchen Fällen treten Gehalte stärkerer Einprägung vorher auf und
überlagern die Rückerinnerung an das Prinzip dessen, was gesucht wird. Erst
wenn diese abgeklungen sind, kann die Wiedererinnerung einsetzen.[139] Dabei
ist die Bewegungskraft seelischer Gehalte nach Albert keineswegs auf solche
emotional markierten Prozesse beschränkt: Wie oben bereits deutlich wurde,

---

137 Vgl. ALBERTUS MAGNUS, *De bono* tr. 4 q. 2 a. 1–2 (Ed. Colon. 28), p. 245 v. 10 – p. 252
v. 13, bes. p. 249 v. 66 ff., wo Albert sowohl das natürliche als auch das künstliche
Gedächtnis diskutiert. Eine englische Übersetzung dieser beiden Artikel bietet CAR-
RUTHERS 2008, 345–360.
138 ALBERTUS MAGNUS, *DMR* tr. 2 c. 3 (Ed. Colon. 7/2A), p. 128 v. 34–37: »Alia autem
causa est dispositio rei moventis animam. Et haec est duplex: delectatio scilicet vehemens at abominatio vehemens. Haec enim profunde intrant in animam et diu ma-
nent«. Ein anderes Beispiel: Man merkt sich als Kind neben dem emotional Besetzten
auch das besonders gut, was einen in Erstaunen versetzt, vgl. *DMR* tr. 2 c. 7 (Ed. Colon.
7/2A), p. 137 v. 14–18. Zur Bedeutung des *mirabile* für die Wiedererinnerung vgl. auch
De bono tr. 4 q. 2 a. 2 ad 17 (Ed. Colon. 28), p. 251 v. 72–81.
139 Vgl. ALBERTUS MAGNUS, *DMR* tr. 2 c. 3 (Ed. Colon. 7/2A), p. 129 v. 51–58.

räumt er der Macht der Gewohnheit ebenfalls eine starke assoziative Kraft ein, die man durch Repetition und Übung einprägen kann, um die Wiedererinnerungsfähigkeit effektiv zu befördern.[140]

Von solchen Beobachtungen bis zum systematischen Training des künstlichen Gedächtnisses mittels entsprechender ›bewegender Bilder‹ (*imagines agentes*), wie sie die ciceronianische Tradition empfiehlt, ist der Weg nicht allzu weit[141] – und Alberts Œuvre erweist sich als eine wahre Fundgrube für entsprechende Überlegungen dazu, wie man als Prinzip für Prozesse der *reminiscentia* möglichst effizient bewegende seelischen Gehalte generieren kann.[142] Die so von Albert in *DMR* II, 3 skizzierte *ars reminiscendi* knüpft an die antike Mnemotechnik an, verbindet sie aber auch mit der Ethik, wie schon die Ausführungen zu dieser Thematik in *De bono* belegen: Das Training des Gedächtnisses als Instanz der gesammelten Erfahrungen und als Ressource für Prozesse des nachforschenden Wiedererinnerns ist auch von fundamentaler Bedeutung für die zukünftige Orientierung des eigenen Handelns.[143] Damit begründet Albert die einflussreiche Tradition der mittelalterlichen Traktate zur *ars memorativa*, also zur kunstgerechten Gedächtnisformung mit moralischen Absichten.[144]

Dabei hat Mary Carruthers zu Recht darauf aufmerksam gemacht, dass Alberts Verständnis von Gedächtnis und Wiedererinnerung in *DMR* gerade nicht auf das Modell eines ›rote memory‹ hinausläuft, also auf eine absolut exakte Reproduktion von seelisch zuvor abgelegten bzw. gespeicherten Gehalten: Die Rückwendung auf die vergangene Sache erfolgt ja in beiden Fällen nicht durch einen einfachen ›Abruf‹ – wie im Falle der erneuten Aktualisierung von Wissensinhalten –, sondern durch eine komplexe und dynamische Synthesis seelischer Gehalte.[145] In diesem Punkt ist Albert also originell und kommt zumindest strukturell gegenwärtigen Erkenntnissen schon recht nahe.

---

140 Vgl. *ebd.*, p. 128 v. 39–40 (»consuetudo ex saepe movendo profundum motum faciens in anima et diu manens«).

141 Vgl. ALBERTUS MAGNUS, *DMR* tr. 2 c. 1 (Ed. Colon. 7/2A), p. 125 v. 27–31, wo die Wiedererinnerung an einen Gerichtsprozess durch das Bild eines angreifenden Widders evoziert werden kann.

142 Vgl. hierzu YATES 1990, 61–69, und CARRUTHERS 2008, 172–178.

143 Die *memoria* wird hier in Anknüpfung an die stoische Tradition als Teil der Klugheit (*prudentia*) behandelt; vgl. zu ihrer Bedeutung für die Handlungsplanung v. a. ALBERTUS MAGNUS, *De bono* tr. 4 q. 2 a. 1 (Ed. Colon. 28), p. 245 v. 61–69 und p. 246 v. 13–20; *ebd.* a. 2, p. 249 v. 66–76. Zum Konzept der Klugheit in Alberts Frühwerken vgl. MÜLLER 2001, 165–177.

144 Vgl. MÜLLER 2015a, 116–120.

145 Vgl. CARRUTHERS 2008, 22f., unter Bezug auf die Unterscheidung von *reminiscentia* und *iterata scientia*, die Albert in *DMR* tr. 2 c. 2 (Ed. Colon. 7/2A), p. 127 v. 4–20 diskutiert.

Die dargestellte Transformation der antiken Mnemotechnik in eine empirisch fundierte Kunstfertigkeit (*ars*) – anstelle einer bloß eklektischen Sammlung von praktischen Ratschlägen – ist in der Forschung als wesentliches Verdienst Alberts für die Geschichte der Gedächtnislehre im Mittelalter gerühmt worden.[146] Sie verdeutlicht auf jeden Fall die Offenheit und Anschlussfähigkeit der von Albert in *DMR* entwickelten physiologischen Gedächtnislehre für höherstufige kognitive Prozesse wie auch für Fragestellungen der Moralphilosophie. Dabei gilt allerdings in dieser Schrift selbst, ebenso wie bei der *memoria*, das eigentliche analytische Augenmerk Alberts den psychischen Prozessen, die bei der *reminiscentia* involviert sind. Albert nutzt hier also nicht die Überlegungen zur Wiedererinnerung und der ihr zugrunde liegenden seelischen Mechanismen, um die Präzepte der antiken Mnemotechnik für das künstliche Gedächtnis zu prüfen;[147] vielmehr greift er auf Einsichten letzterer zurück, um Gedächtnis und Wiedererinnerung als natürliche Phänomene besser zu verstehen und zu charakterisieren.

4. Bilanz und Bewertung: Alberts Beitrag zur Problemgeschichte

Albert markiert zwar eine Reihe von Unterschieden zwischen *memoria* und *reminiscentia*, aber dennoch offenbart der nähere Blick einen sehr engen Zusammenhang zwischen beiden Phänomenen: Die *reminiscentia* wird wesentlich vom Wiedererinnern aus begriffen, also von dem Akt her, der ein erneutes Andocken an die scheinbar verlorene bzw. vergessene Vergangenheit in ihrer Individualität ermöglicht. Diese Leistung ist nicht möglich ohne das Gedächtnis, das Albert seinerseits in dieser Schrift primär unter operationalem Aspekt, als tätige Rückkehr bzw. Rückwendung (*reflexio*) zum Vergangenen, insofern es vergangen ist (*praeteritum secundum quod praeteritum*), im Erinnerungsakt auffasst. Dieses akthafte Verständnis von beiden Vermögen mit ihrer teleologischen Ausrichtung auf die außerseelische Wirklichkeit, im Verbund mit der dezidierten Verzahnung der beiden Tätigkeiten erscheint mir als das markante Proprium von Alberts Kommentar.

---

146 Die richtungweisende Innovativität Alberts, v. a. in seiner Behandlung der Thematik in *De bono*, wird übereinstimmend betont von YATES 1990, bes. 75 f., und CARRUTHERS 2008, 172.
147 So z. B. YATES 1990, 62.

I

Wie originell ist nun die oben rekonstruierte Konzeption von Gedächtnis und Wiedererinnerung? Natürlich legt sich vor dem Hintergrund der zahlreichen textlichen Anleihen, die Albert in seiner Kommentierung bei ihnen macht, zuerst einmal der Vergleich mit seinen hauptsächlichen arabischen Gewährsleuten nahe. Gegenüber Avicenna fällt dabei v. a. ins Auge, dass Albert das Gedächtnis zumindest in seiner Kommentierung von *DMR* primär vom Akt des Erinnerns her versteht und es damit als eine eigenständige kognitive Leistung fasst, während der Aspekt der Speicherfunktion des Gedächtnisses tendenziell in den Hintergrund tritt.[148] Das ist nur bedingt kompatibel mit Avicenna, der die *memoria* v. a. als eine *virtus conservativa / retentiva* sieht, weil es seiner Auffassung innerhalb der inneren Sinne nach nicht ein und demselben Vermögen zukommt, Gehalte zu erfassen und sie zu speichern.[149] Albert durchbricht diese funktionale Aufgabenteilung in *DMR* bis zu einem gewissen Grad, indem er der *memoria* neben der Aufgabe der Aufbewahrung von bestimmten seelischen Gehalten auch die durch sie ermöglichte Rückkehr zur vergangenen äußeren Sache in ihrer Individualität zuschreibt. Das ist gleichzeitig eine Art Kurskorrektur gegenüber dem augustinischen *memoria*-Konzept, dessen Schwerpunkt ebenfalls auf der Aufbewahrung bzw. Speicherung von Inhalten liegt.

Damit scheint sich seine Konzeption auf den ersten Blick eher im Fahrwasser von Averroes zu bewegen, nicht zuletzt im Blick darauf, dass Albert bei seiner Analyse des Gedächtnisakts nachhaltig auf Averroes' *Epitome* rekurriert.[150] Hinzu kommt, dass Deborah Black für den Gedächtnisbegriff bei Averroes als originelles Proprium – gerade gegenüber Avicenna – überzeugend herausgearbeitet hat, dass im Gedächtnisakt eine Erkenntnis des Individuums in seiner Einmaligkeit stattfindet, was ja auch eine wesentliche Pointe in Alberts *memoria*-Deutung darstellt (wie oben in Teil 3.1 [III] gesehen).

---

148 Für die Gesamtposition Alberts in dieser Frage wäre v. a. seine differenzierte Untersuchung im *memoria*-Traktat von *De homine* zu berücksichtigen, wo er die Frage diskutiert, ob die *memoria* begrifflich nicht eher von ihrer Tätigkeit als von ihrer Speicherfunktion her verstanden werden sollte (*ebd.* [Ed. Colon. 27/2], p. 297 v. 22–33). Albert gibt sich dabei salomonisch: Beides gehört dazu, insofern das Gedächtnis sowohl ein passives als auch ein aktives Vermögen ist (*ebd.*, p. 301 v. 53–72)

149 Albert erwähnt diese avicenneische Maxime in *DMR* tr. 1 c. 1 (Ed. Colon. 7/2A), p. 113 v. 32–34. In *De homine* (Ed. Colon. 27/2), p. 442 v. 7–9, kritisiert er sie unter unmittelbarer Bezugnahme auf *DMR*: »Aristoteles expresse dicat quod memoria et reminiscentia habent suos actos apprehensionis. Unde falsum est quod thesauri non sit apprehendere«.

150 Vgl. die Ausführungen in Alberts *DMR* tr. 1 c. 1, in Relation zu AVERROES, *DMR* (CCAA 7), p. 53 v. 4 – p. 55 v. 18.

Dennoch gibt es hier einige entscheidende Differenzen, die sich in nuce an der Charakterisierung festmachen lassen, die Black für Averroes' Verständnis von *memoria* gibt:

> »[H]e conceives of memory as a *perceptual* faculty not merely a *retentive* one. Memory is not the faculty whereby we retain past perceptions or are aware of the past as past but rather the faculty by which we grasp the individual as such«. [151]

Damit wird der Gedächtnisakt aber bei Averroes tendenziell zu einer – wenn auch zentralen – Komponente in der Erfassung einer gegenwärtigen Sache in ihrer Individualität. Mit anderen Worten: Der Zeitbezug auf das Vergangene als Vergangenes als eigentliches *memorabile*, den Albert so betont, geht bei Averroes letztlich verloren. [152] Insofern unterscheiden sich die Gedächtnisakte trotz der gemeinsamen Betonung der synthetischen Akthaftigkeit des Gedächtnisses und seiner Ausrichtung auf Individuelles bei beiden Autoren in der Sache doch erheblich. Weiterhin ist zu konstatieren, dass Alberts Leitmotiv der Rückwendung auf die äußere Sache (*reflexio in rem*) als Ziel der Gedächtnisfunktionen in Averroes' *Epitome* keine signifikante Rolle spielt [153] – diese markante Akzentuierung verdankt Albert definitiv nicht seinen arabischen Gewährsleuten bzw. Quellen: Während diese sich auf die psychischen Prozesse konzentrieren, hebt Albert auf ihre Zweckhaftigkeit ab. [154]

Ein anderer nahe liegender Vergleichsmaßstab für die Bemühungen Alberts sind zweifelsfrei die Positionen der ihm vorangehenden lateinischen Autoren, insbesondere in der ersten Hälfte des 13. Jahrhunderts, in der die aristotelische Naturphilosophie (inklusive der *Parva naturalia*) immer mehr an Bekanntheit und Boden gewinnt. Ein detaillierter Abgleich mit den psychologischen Schriften von John Blund, Johannes von la Rochelle und Wilhelm von Auvergne sowie mit der einsetzenden Kommentierung von *DMR* durch Adam von Buckfield und andere würde den Rahmen hier sprengen. Dennoch möchte ich einige wenige gezielte Hinweise geben, die v. a. Motive bündeln und aufgreifen, die in Teil 3 verschiedentlich schon präludiert worden

---

151 BLACK 1996, 163 (Hervorhebung im Original).

152 BLACK 1996, 169, nt. 28, spricht zutreffend von Averroes' »purely atemporal and aspectual analysis of memory« und konstatiert für ihn: »To remember something is not primarily to recognize it as a past object of perception but to comprehend it as this particular thing« (ebd., 173). Vgl. zu dieser Atemporalisierung des Gedächtnisses auch ebd., 178.

153 Vgl. AVERROES, *DMR* (CCAA 7), p. 48 v. 11–12: »Rememoratio enim est reversio in presenti intentionis comprehense in preterito«. Es geht bei Averroes nicht um eine Rückkehr zur vergangenen Sache, sondern um eine bestimmte Anordnung kognitiver Aktivitäten.

154 Dies attestiert ihm auch der sonst nicht durchgängig wohlgesonnene BLOCH 2007, 188.

sind. An zentraler Stelle ist hier die harmonisierende Tendenz zu nennen, welche die oben genannten Autoren miteinander verbindet: Man war offensichtlich bemüht, das aristotelische Konzept unter Zuhilfenahme der auch von Albert in Anspruch genommenen arabischen Gewährsleute und ihrer Auffassungen von den inneren Sinnen in einen augustinischen Rahmen einzufügen.[155]

Emblematisch für diese Harmonisierungsversuche steht die Formel, dass das Gedächtnis sowohl sinnliche als auch intelligible Gehalte speichere, was dem weiten *memoria*-Verständnis von Augustinus korrespondiert und sich auf die platonische *anamnêsis*-Lehre stützt. Diese Begriffsbestimmung, die sich u. a. bei Nemesius von Emesa und Johannes von Damaskus findet,[156] wird z. B. von Johannes von la Rochelle aufgegriffen, der sich ansonsten eng an Avicenna anschließt (bei dem das Gedächtnis ja eindeutig nur als Speicher ›sinnlicher‹ Intentionen gekennzeichnet ist).[157] Diese Idee fließt dann auch in die Kommentierung von Aristoteles' *DMR* ein: Adam von Buckfield z. B. spricht in seinem Kommentar ohne explizite weitere Differenzierung von »memoria [...] species/rei sensibilis vel intelligibilis«.[158] Damit hat dann das Verständnis der aristotelischen Gedächtnislehre ab ovo eine Art intellektualistischer Schlagseite, die dann noch nachhaltiger auf das Verständnis der

---

155 Vgl. hierzu die Überblicke bei COLEMAN 1992, Kap. 16–17, sowie BLOCH 2007, 166–178.

156 Vgl. NEMESIUS, *De natura hominis* c. 13, ed. Verbeke/Moncho, p. 87: »Est autem memoria, ut Origenes quidem ait, phantasia relicta ab aliquo sensu secundum actum apparente; ut Plato autem, conservatio sensus et intelligentiae«. Vgl. auch JOHANNES DAMASCENUS, *De fide orthodoxa* c. 20, ed. Buytaert, p. 129–130 (»coacervatio sensus et intelligentiae«). Allerdings hält Albert deren Auffassung noch für kompatibel mit der sinnesphysiologischen Lesart des Gedächtnisbegriffs bei Aristoteles; vgl. ALBERTUS MAGNUS, *De homine* (Ed. Colon. 27/2), p. 300 v. 48–51; *Super Dionysium de ecclesiastica hierarchia* c. 3 (Ed. Colon. 36/2), p. 78 v. 40–44. Die Verfälschung schreibt Albert erst ihren vermeintlichen ›Nachfolgern‹ zu: Vgl. hierzu die weiter unten im Haupttext (S. 55) zitierte Passage aus *De bono* tr. 4 q. 2 a. 1 ad 5 (Ed. Colon. 28), p. 246 v. 21 ff.

157 Vgl. JOHANNES DE RUPELLA, *Summa de anima* c. 118, ed. Bougerol, p. 285 v. 91–93: »est enim memoratiua uis conseruatiua speciei sensibilis; est etiam speciei conseruatiua intelligibilis [...]«. In c. 102, p. 240 v. 18–19, spricht er von der *memoria* nur als »retencio specierum siue intencionum sensibilium siue repraesentacio earumdem«.

158 Vgl. BRUMBERG-CHAUMONT 2010, 134: »Et nota secundum Commentatorem quod memoria est in presenti reuersio specie/rei sensibilis vel intelligibilis apprehense in preterito«. Das ist sehr nah an Averroes' Begriffsbestimmung, die schon oben in Anm. 153 zitiert wurde, verwandelt aber die *intentiones* in dessen Definition unter der Hand in *spes/res sensibiles vel intelligibiles*. BRUMBERG-CHAUMONT, 135 f., versucht eine ›Ehrenrettung‹ von Adam von Buckfield gegen den Vorwurf von GAUTHIER 1985, 121*, dass das letztlich weniger aristotelisch, sondern eher augustinisch gedacht ist, aber m. E. ohne durchschlagenden Erfolg.

Wiedererinnerung durchschlägt. So begründet John Blund explizit mit der von Aristoteles in *DMR* erläuterten Differenz der beiden Phänomene folgende Einschätzung:

> »Daher weiß man, dass die [Wieder-]erinnerung sich nur auf Allgemeines richtet, das Gedächtnis aber auf Allgemeines und Einzelnes«.[159]

Albert versteht Aristoteles hier deutlich anders, wie in den obigen Analysen deutlich geworden ist: Bei ihm haben es letztlich sogar beide Phänomene in erster Linie mit dem Einzelnen zu tun (und lediglich akzidentell mit dem Allgemeinen). Albert konterkariert in seiner Kommentierung von *DMR* insgesamt systematisch die Tendenz, den sinnesphysiologischen Gedächtnisbegriff der peripatetischen Tradition intellektualistisch im Sinne der platonischen *anamnêsis*-Tradition zu überformen und ihn dadurch sozusagen unmittelbar anschlussfähig zu machen für eine bruchlose Synthese mit dem augustinischen Modell einer *memoria intelligibilium*. Das ist nicht bloß eine Frage der Aristoteles-Exegese, sondern tangiert die wissenschaftliche Grundhaltung, mit der Albert an das Themenfeld herangeht. Zur Würdigung dieses Vorgehens von Albert werde ich unten in (II) noch einiges sagen. Aber es kann schon an dieser Stelle diagnostiziert werden, dass Albert sich mit seiner dezidiert nicht-konkordistischen Haltung selbstbewusst gegen größere Teile der ihm vorangehenden lateinischen Auslegungstradition stellt und gerade deshalb zu einer originellen eigenen Interpretation der Phänomene von Gedächtnis und Wiedererinnerung findet. Sein Lamento darüber, dass seine lateinischen Vorläufer beim Verständnis von *memoria* und *reminiscentia* komplett in die Irre gegangen seien, ist keine bloße Koketterie; sie beschreibt vielmehr programmatisch seine Wahrnehmung, dass man in diesem Bereich noch einmal grundlegend neu ansetzen muss, und zwar vor allem durch eine möglichst feinkörnige textliche und inhaltliche Analyse von Aristoteles sowie durch eine methodische Trennung philosophischer und theologischer Diskurse.[160]

---

159 JOHANNES BLUND, *Tractatus de anima* XX § 275, ed. Callus / Hunt, p. 74 v. 18–20: »Hinc habetur quod reminisci est universalium tantum, memorari est et universalium et singularium«. Blund bezieht sich dabei direkt, wenn auch unter falscher Titulatur (*De anima*) auf Aristoteles' *DMR* 2 (453 a 6–12).

160 Folgerichtig trennt Albert die Ausführungen zur augustinischen *memoria*-Lehre in *De homine* (vgl. *ebd.* ([Ed. Colon. 27/2], p. 547–552: *memoria* als *pars imaginis*) auch explizit und bewusst erst einmal von der Analyse der sinnesphysiologischen Gedächtniskonzepte philosophischer Provenienz (vgl. *ebd.*, p. 300 v. 52–57).

II

An der Originalität der in *DMR* entfalteten Theorie Alberts im philosophie-historischen Kontext kann nach dem Gesagten m. E. nicht ernsthaft gezwei-felt werden. Aber historische Originalität verbürgt natürlich nicht zwangsläu-fig philosophische Qualität. Wie ist Alberts Deutung nun in der jüngeren Forschung aufgenommen bzw. bewertet worden, insbesondere in der pro-blemgeschichtlichen Forschung zur Entwicklung des philosophischen Gedächt-nisbegriffs? Hier ist folgende Diagnose zu stellen: Alberts kulturhistorischer Bei-trag in diesem Bereich ist – wie schon oben in Teil 3.2 [IV] dargestellt – bereits vor 50 Jahren in der einschlägigen Darstellung von Frances Yates zur Geschich-te der »Art of Memory« recht emphatisch gewürdigt worden, und dieses Urteil ist sicherlich trotz mancher zwischenzeitlicher Korrekturen und neuen Nuan-cierungen weiterhin zu bestätigen:[161] Die Verbindung aristotelischer Psychologie und ciceronischer Mnemotechnik, die Albert in seiner Kommentierung von Aristoteles *DMR* vollzieht (nachdem er bereits in *De bono* die Grundlagen zu einer *ars memorativa* gelegt hat), ist inhaltlich ausgesprochen fruchtbar und his-torisch nachweislich sehr wirkmächtig gewesen.[162] Albert leistet dabei, wie Mary Carruthers herausgearbeitet hat, durchaus einen veritablen eigenen Beitrag zur Mnemotechnik, v. a. im Bereich der mentalen Substitution von zu erinnernden Dingen durch Bilder.[163]

Allerdings bezieht sich dieses Lob der Forschung in der Tendenz nahezu ausschließlich auf Alberts Konzept der Wiedererinnerung in *DMR* 2, wäh-rend sein akthaftes Konzept des Gedächtnisses aus *DMR* 1 etwas stiefmütter-lich behandelt worden ist: Sein originärer Beitrag zur problemgeschichtlichen Entwicklung des Gedächtnisbegriffs im engeren Sinne des Wortes ist bisher in

---

161 COLEMAN 1992, 391 f., weist darauf hin, dass bereits Johannes von La Rochelle in seine Behandlung der inneren Sinne im Anschluss an Averroes ciceronisches Material einfließen lässt und dass Albert deshalb nicht – entgegen der Vermutung von YATES 1990, 64 – als der Urheber der Integration von Aristoteles und Cicero zu sehen ist. Speziell zur Albert-Deutung von Yates ist auch anzumerken, dass er zumindest in *DMR* die *reminiscentia* als Vermögen nicht in den rationalen Teil der Seele verlagert (contra: YATES 1990, 67). Der von ihr (ebd., 61) und ZIOLKOWSKI 2002, 119 f., vermutete Ein-fluss von Boncompagno de Signa auf die Gedächtnistheorie von Albert erscheint mir aus der Luft gegriffen, zumindest mit Blick auf Alberts peripatetisches Verständnis in *DMR*: Denn wie die Gedächtnisdefinition von Boncompagno (zitiert bei YATES 1990, 59) zeigt, vertritt er genau die Art von augustinischer *memoria*-Auffassung, die Albert von der Aristoteles-Interpretation lieber getrennt halten möchte.

162 Zur Entwicklung der mittelalterlichen *ars memorativa* insgesamt vgl. YATES 1990, Kap. 3–5; CARRUTHERS 2008, Kap. 4.

163 Vgl. CARRUTHERS 2008, 172–178.

der philosophiehistorischen Forschung tendenziell recht bescheiden veranschlagt worden. Das liegt m. E. daran, dass er größtenteils nicht richtig verstanden worden ist. Dabei lassen sich zwei Richtungstendenzen ausmachen:

(1) Die problemgeschichtlich ambitionierteste Untersuchung dieses Themenkomplexes, Janet Colemans Monographie »Ancient and Medieval Memories« von 1992, würdigt Albert immerhin mit einem eigenen Kapitel (von dem allerdings bei näherem Hinsehen nur vier Seiten auf Alberts Auffassungen entfallen).[164] Sie wirft ihm aber letztlich vor, in seinen Überlegungen zu keiner überzeugenden Synthese von sinnesphysiologischem und intellektuellem Gedächtnis vorgedrungen zu sein – diese Integration sei dann erst Thomas von Aquin geglückt.[165] Solche Urteile, die in Albert den (unvollkommenen) Wegbereiter für die folgende Meisterleistung seines Schülers sehen, sind in der Albert-Forschung zu Recht mittlerweile äußerst suspekt; insofern mutet es etwas unzeitgemäß an, dass sie sich gerade im Blick auf Alberts Gedächtnislehre in der neueren Literatur geradezu tummeln.[166] Über ihre sachliche Berechtigung möchte ich mich in diesem Kontext nicht äußern, zumal das detaillierte vergleichende Betrachtungen zwischen den *DMR*-Kommentaren von Albert und Thomas bedingen würde, die den Skopus dieser Untersuchung

---

164 COLEMAN 1992, Kap. 19 (»Albert the Great«), bes. 416–419, primär unter Bezug auf die Darstellung in *De bono*. Diese partielle Lektüre – Alberts Kommentar zu *DMR* wird vollkommen unsystematisch auf einer halben Seite abgehandelt – führt zu einigen gravierenden Fehlurteilen: Albert habe sich für die Vergangenheit in ihrer Individualität als solche gar nicht interessiert (ebd., 418: »We note that for Albert the past in its particularity is of no interest in and of itself«), und die Tätigkeit der inneren Sinne sei bei ihm darauf ausgerichtet, die Welt ganz ›nach innen‹, also in die Seele zu holen (ebd., 420 nt. 11: »But note, the object is not directly the extramental *res* but its similitude in sense and intellect«). Insofern Albert in seiner Gedächtnislehre das *memorabile* als individuelles Vergangenes, insofern es vergangen ist, kennzeichnet und den Sinn der Erinnerung in der Rückkehr zu den außerseelischen Sachen sieht, hat Coleman Alberts zentrales Anliegen in *DMR* also überhaupt nicht verstanden.

165 Vgl. ihr ausführliches Kapitel zu Thomas (COLEMAN 1992, 422–460), in dem sie nicht weniger als zehn Seiten auf Thomas' Kommentar zu *DMR* verwendet (ebd., 444–453) und ihn als den besten Kommentator dieser Schrift lobt. Für ihr Loblied auf Thomas, der die Bemühungen aller seiner Vorgänger deutlich in den Schatten stelle, vgl. ebd., 327.

166 Zwei weitere Beispiele: DI MARTINO 2008, 136, beschließt ihre durchaus ansprechende Lektüre der albertinischen Gedächtnislehre im Lichte seiner arabischen Quellen mit der programmatischen Feststellung: »Le travail d'intégration et de retour à Aristote inauguré par Albert se complète avec Thomas d'Aquin«. Auch BLOCH 2007, 197 f., verfällt in dieses Schema: Während Albert letztlich keine wirkliche Integration der aristotelischen und der arabischen Gedächtnislehren in Angriff genommen habe (vgl. ebd., 194 f.) – was ich ab ovo für eine Fehleinschätzung halte –, habe Thomas sich zumindest um eine systematische und unifizierende Lesart bemüht.

definitiv überschreiten.[167] Es geht mir nachfolgend nur um die von Coleman angestimmte Generalkritik, dass Alberts problemgeschichtlicher Beitrag zum Gedächtnisbegriff eher in der Sammlung von Material als in dessen erfolgreicher Integration gelegen habe: Seine problemgeschichtliche Rolle ist in dieser Deutung die eines von seinem Schüler deutlich überstrahlten Kettenglieds in einer Fortschrittsgeschichte des Gedächtnisbegriffs.

(2) Während Janet Coleman also meint, dass Albert insgesamt intellektuell zu kurz gesprungen ist, wirft ihm David Bloch sowohl für seinen Kommentar von *DMR* als auch für sein restliches Schrifttum nahezu das Gegenteil vor: Albert habe den Text mit einem zu breiten Gedächtnisbegriff schlicht überfrachtet und sich damit weit von der wesentlich enger zu verstehenden aristotelischen *mnêmê* entfernt.[168] Sein Urteil zu Alberts Bemühungen ist insgesamt durchaus differenziert und in manchen Punkten sogar äußerst anerkennend, aber das von ihm so diagnostizierte Kardinalproblem charakterisiert er eindeutig:

>»Albert along with his predecessors and almost all later scholars thought that Aristotle had to include an active memory in his general theory, and then went on to describe and analyse such a theory«.[169]

Insbesondere durch sein akthaftes Verständnis der *memoria* wird Albert bei Bloch unter der Hand zum Stammvater einer – nach Blochs Auffassung – weitgehend anachronistischen Lesart der aristotelischen Theorie im 20. Jahrhundert, die von nahezu allen modernen Interpreten (insbesondere von Richard Sorabji) vertreten worden sei und die unbedacht den gegenwärtigen Gedächtnisbegriff in *DMR* hineinlese.[170] Die problemgeschichtliche Rolle Alberts ist dann hier die

---

167 Ich halte es also hier mit der hermeneutischen Maxime von Alain de Libera, dass man sich als Albert-Forscher besser von Vergleichen mit Thomas fernhält, um den Beitrag Alberts in seiner Eigenständigkeit nicht tendenziell zu marginalisieren. Meine eigene Sicht auf die problemgeschichtliche Entwicklung von Albert zu Thomas – die für letzteren im Übrigen alles andere als negativ ausfällt – habe ich dargelegt in MÜLLER 2015a, 110–120. Zum wohl eher gering zu veranschlagenden Einfluss von Alberts Kommentar auf Thomas in der Deutung von *DMR*, vgl. GAUTHIER 1985, 122*–124*.

168 Vgl. BLOCH 2007, 179–195, insbes. 180–190 zu Alberts *DMR*.

169 BLOCH 2007, 189.

170 Bloch meint v. a., dass es bei näherem Hinsehen keine »memory acts« bei Aristoteles gebe (BLOCH 2007, 79 ff.) und kritisiert deshalb Sorabjis Unterscheidung zwischen dispositionalem und aktivem Gedächtnis als Deutungsfolie für *DMR*; vgl. ebd., 110–116. Das gleiche Problem sieht er auch bei Albert: Anstatt in seinem *DMR*-Kommentar deutlich zu machen, dass Aristoteles nur eine Art partieller Theorie des Gedächtnisses entwickelt, antizipiere Albert diesen Fehler zahlreicher Interpreten im 20./21. Jahrhundert: »to attribute a broad theory of memory to Aristotle, even if there is no real textual support« (ebd., 192).

eines zentrales Wegbereiters in einer – heideggerianisch gesprochen – Verfallsgeschichte, welche die aristotelische Gedächtnislehre über die Jahrhunderte weg eher verdeckt als freigelegt hat (worin Bloch dann offensichtlich seine eigene Aufgabe sieht).

Beide Lesarten sind nun vor dem Hintergrund meiner eigenen Lektüre sogar bis zu einem gewissen Grade berechtigt – und gehen in ihrer negativen Bewertungstendenz dennoch weitgehend fehl, weil sie Alberts eigenes Anliegen letztlich ignorieren oder verkennen. Gehen wir deshalb beiden Punkten zum Abschluss noch einmal kurz nach, um das Verdienst von Albert ins rechte Licht zu rücken:

(ad 1) Fehlt es Alberts Konzeption, wie Janet Coleman meint, an synthetischer Kraft, weil keine Verbindung von sinnlichem und intellektuellem Gedächtnis geleistet wird? Wenn mit dieser Kritik unterstellt sein soll, dass Albert ein solches Anliegen bewusst, aber letztlich erfolglos verfolgt habe, geht sie nahezu komplett an ihm vorbei. Denn Albert ist, wie wir gesehen haben, in *DMR* gerade darum bemüht, eine strikt sinnesphysiologische Lesart von *memoria* und *reminiscentia* zu geben, die er für die genuin aristotelische hält. Sein Schrifttum zu dieser Thematik ist durchgängig vom Willen zu einer feinkörnigen inhaltlichen Differenzierung gekennzeichnet. Im Gegensatz zu den vorherigen lateinischen Autoren, die für ihn eher eine negative Kontrastfolie darstellen, möchte er das historisch in der Tat etwas überfrachtete Begriffsfeld von Gedächtnis und Wiedererinnerung erst einmal überzeugend ordnen, indem er verschiedene Traditionen und Phänomene klar voneinander trennt, anstatt sie vorschnell in einen Topf zu werfen. Diese Tendenz wird schon in der ausführlichen und differenzierten Behandlung ganz verschiedener Definitionen von *memoria* und *reminiscentia* in *De homine* deutlich.[171] Um dieses Anliegen zu verfolgen, muss Albert v. a. den sinnesphysiologisch fundierten Gedächtnisbegriff von Aristoteles, der sich auf individuelle Wahrnehmungsobjekte richtet, von der platonisch und augustinisch imprägnierten Idee eines höheren intellektuellen Gedächtnisses, das sich auf universale Gehalte bezieht, klar abrücken.

Exemplarisch für Alberts Umgang mit dieser Problematik seit dem Frühwerk steht dabei eine Passage in *De bono*. Hier unterstreicht Albert zuerst die aristotelische Idee, dass es das Gedächtnis mit dem zeitlich Vergangenen zu tun habe, und d. h. mit den individuellen Gegenständen der Sinneswahrnehmung, und fügt dann hinzu:

---

171 Vgl. hierzu auch Di Martino 2008, 78–80.

»Es gibt aber einige, die im Anschluss an Johannes von Damaskus und Gregor von Nyssa [i. e.: Nemesius von Emesa; J. M.] sagen, dass das Gedächtnis eine Aufbewahrung von Sinnlichem und Geistigem sei, und dass es deshalb ein zweifaches Gedächtnis gebe, ein sinnliches und ein vernünftiges. Aber das entspricht nicht der Naturphilosophie, wie Aristoteles sie überliefert hat oder jemand, der ihm folgt«.[172]

Das *punctum saliens* in dieser Frage ist v. a., ob es innerhalb eines peripatetisch geprägten Diskurses ein hölzernes Eisen ist, von einem intellektuellen Gedächtnis zu sprechen – eine Frage, zu der Albert über sein gesamtes Schrifttum hinweg insgesamt eine äußerst facettenreiche, letztlich aber doch kohärente Position einnimmt.[173] Seiner in der obigen Lektüre von *DMR* deutlich gewordenen Intention, den sinnesphysiologischen Gedächtnisbegriff aristotelischer Provenienz nicht einfach platonisierend zu überformen, bleibt er dabei aber stets treu.[174] Elaborierte intellekttheoretische Spekulationen verschiebt er in *DMR* deshalb explizit auf seine spätere Schrift *De intellectu et intelligibili*[175] – im Kontext des sinnesphysiologischen Gedächtnisbegriffs peripatetischer Provenienz würden sie tendenziell in die falsche Richtung führen.

Albert ist sich stets bewusst, dass der theologisch fundierte Gedächtnisbegriff, wie ihn Augustinus geprägt hat, insgesamt viel weiter ist als der aristotelische. Beide unbedacht in einem Atemzug zu führen, käme also, wie er mehrfach in seinen Schriften betont, einer Äquivokation, also einer massiven Begriffsverwirrung gleich.[176] Albert nimmt deshalb regelmäßig eine methodisch intendierte Trennung zwischen diesen beiden Gedächtniskonzepten vor,

---

172 ALBERTUS MAGNUS, *De bono* tr. 4 q. 2 a. 1 ad 5 (Ed. Colon. 28), p. 246 v. 28–35: »Sunt tamen qui dicunt secundum Damascenum et Gregorium Nixenum, quod memoria est coacervatio sensibilium et intelligibilium, et ideo dicunt esse duplicem memoriam, scilicet unam sensibilis animae et alteram rationalis. Sed hoc non est dictum secundum philosophiam naturalem, quam Aristoteles tradidit vel aliquis sequens ipsum«.

173 Für die genaue Nachzeichnung seiner Auseinandersetzung mit der Thematik vgl. MÜLLER (in Vorbereitung).

174 Gegen die von BLOCH 2007, 195, geäußerten Zweifel an der Konsistenz von Alberts Position in toto ist auf die umfassende Darstellung von ANZULEWICZ 2005 zu verweisen (die zumindest dem Literaturverzeichnis zufolge Blochs Aufmerksamkeit entgangen ist). Einen Zweifel hege ich selbst nur in folgender Frage: In *De bono* ([Ed. Colon. 28], p. 246 v. 5–9, p. 251 v. 31–34) wird die *reminiscentia* eindeutig der *anima rationalis* zugewiesen, in *De homine* und *DMR* – wie oben gesehen – erkennbar der *anima sensitiva*. Das ist zumindest eine Unklarheit, die sich auch nicht ohne weiteres entwicklungsgeschichtlich auflösen lässt, insofern *De bono* von Albert zwischen den beiden anderen Schriften verfasst wurde.

175 Vgl. ALBERTUS MAGNUS, *DMR* tr. 1 c. 3 (Ed. Colon. 7/2A), p. 118 v. 23–30.

176 Zur Diagnose der drohenden Äquivokation vgl. ALBERTUS MAGNUS, *Super Dionysium de ecclesiastica hierarchia* c. 3 (Ed. Colon. 36/2), p. 79 v. 5–9; *Summa theologiae* I tr. 3 q. 15 c. 2 (Ed. Colon. 34/1), p. 69 v. 25–28 u. 44–51. Vgl. auch die differenzierte Einschätzungen Alberts in *Super Dionysii Epistulas* ep. 9 (Ed. Colon. 37/2), p. 538 v. 56 – p. 539 v. 13, und in *De quattuor coaequaevis* tr. 4 q. 23 a. 1 (Ed. Paris. 34), p. 471b–472a.

die eine übergreifende bzw. ›ganzheitliche‹ Lesart von Gedächtnis und Wiedererinnerung keineswegs ausschließt,[177] sie aber auch nicht einfach präjudizierend voraussetzt. Einen hermeneutischen Zugang zum naturphilosophischen Gedächtniskonzept à la Aristoteles über die augustinische Konzeption zu suchen, wie es die in den Digressionen attackierten *Latini* vor ihm getan haben, ist nach Albert auf jeden Fall ein kategorialer Missgriff, der das Potenzial des sinnesphysiologischen Ansatzes marginalisiert. Alberts Herangehensweise zeugt nicht von mangelnder Kraft zur Synthese, sondern von einer hochentwickelten Fähigkeit und Bereitschaft zur philosophischen Differenzierung, deren konstruktiver Beitrag zur Problemgeschichte m. E. höher zu veranschlagen ist als die konkordistischen Harmonisierungsversuche vor ihm.

In einem Punkt wird die bei Albert vorhandene Kraft zur Synthese insbesondere in seinem Kommentar zu *DMR* freilich auch manifest, und zwar in seiner Lektüre der aristotelischen Schrift durch die peripatetische Brille, also im Lichte der Überlegungen von Avicenna und Averroes. Erkennbar ist, dass Albert durch die Begriffe und Modelle, die er weitgehend aus dieser peripatetischen Tradition entnimmt, dennoch ein gegenüber der vorherigen Überlieferung neues und dynamisches Bild der Akte von Erinnerung und Wiedererinnerung entwirft: In einem äußerst komplexen Zusammenspiel der inneren Sinne, in dem nicht bloß festgelegte Gehalte abgerufen werden, erschöpft sich das Gedächtnis nicht in der passiven Speicherung von Inhalten im Langzeitgedächtnis, sondern gelangt über diese akthaft wieder zur vergangenen Wirklichkeit zurück, im Erinnern wie in der Wiedererinnerung. Diese Rückbewegung der Seele zur äußeren Wirklichkeit in ihrer Singularität, die von ihm als wesentliches Ziel der psychischen Prozesse von *memoria* und *reminiscentia* gedeutet wird, ist zweifelsfrei eine eigene Zutat von Albert, die weder von Aristoteles noch von seinen späteren peripatetischen Interpreten so klar akzentuiert worden ist. Und auch wenn Alberts akthafte Deutung in der Flexibilität der (Wieder-)Erinnerung bei der Zerlegung, Kategorisierung und Rekombination der Gedächtnisinhalte sicherlich hinter der Kreativität zurücksteht, die diesen Vorgängen in den neueren ›memory studies‹ zugeschrieben wird, weist seine Theorie erkennbar in die Richtung des weiteren und dynamischen Gedächtnisbegriffs der Moderne.[178]

---

177 So die auf dem Studium aller Quellen beruhende Einschätzung von ANZULEWICZ 2005. Einer Synthese der philosophischen und der theologischen *memoria* am nächsten kommen die Ausführungen in *Summa theologiae* I tr. 3 q. 15 c. 2 (Ed. Colon. 34/1).

178 Man muss sich natürlich vor Augen halten, dass das *memorabile* im Sinne Alberts, zu dem die (Wieder-)Erinnerung zurückkehren soll, letztlich doch eine *res extra animam* und damit eine Art objektives Faktum ist. Für eine nachhaltige Relativierung bzw. Subjektivierung des Gedächtnisbezugs im Blick auf ihre Gegenstände, wie sie in der gegenwärtigen geisteswissenschaftlichen Deutung dieser Phänomene tendenziell vorherrscht,

In einer primär ›fortschrittsorientierten‹ Problemgeschichte hätte er damit auch im Blick auf seine Gedächtnislehre einen prominenteren Platz verdient, als er ihm von Coleman und manchen anderen zugewiesen wird.

(ad 2) Aber ist er mit seiner originellen und zukunftsweisenden Theorie deshalb gleich in seiner zugrunde liegenden Aristoteleslektüre ein zentraler Teil einer anachronistischen Verfallsgeschichte im Sinne Blochs? Schießt er in seiner Kommentierung über das Ziel hinaus? Wenn man sich noch einmal vor Augen führt, wie Albert seine leitmotivischen Ideen mit den allgemeinen vermögenspsychologischen Annahmen aus der aristotelischen Schrift *De anima* verbindet,[179] kann man auch zu einem anderen Urteil kommen: Albert hat in *DMR* versucht, die im zu kommentierenden Text enthaltenen Ideen zu Gedächtnis und Wiedererinnerung konsequent weiterzudenken, doch ohne dabei den Boden der Prinzipien zu verlassen, die grundsätzlich von der peripatetischen Psychologie vorgegeben sind. Diese Intention verdeutlichen schon, wie wir gesehen haben, die Digressionen seiner Schrift in unzweideutiger Manier. Er hat auf diese Weise eine konsequente sinnesphysiologische Deutung dieser Phänomene vorgelegt. Die Bewertung, wie aristotelisch das nun alles im Ergebnis ist, hängt in letzter Konsequenz ohnehin immer von der Lesart des Originals ab – und gerade im Blick auf Aristoteles' Schrift sind da im Spannungsfeld konkurrierender Interpretationen immer noch zahlreiche Fragen offen. Aber die Bewertung dieser Problematik steht m. E. insgesamt zurück gegenüber der tiefer gehenden Intention von Albert in seinem Umgang mit Aristoteles: Es geht ihm letztlich doch nicht ausschließlich um eine originalgetreue Wiedergabe des kommentierten Textes, sondern auch um eine legitime philosophische Deutung, die dessen Wahrheitsanspruch einzulösen versucht. Ungeachtet interpretatorischer Differenzen sollte man deshalb gerade im Fall Albert nicht die Kategorien einer Verfalls- oder Verdeckungsgeschichte bemühen, um seine problemhistorische Stellung zu würdigen.

---

lässt das nur bedingten Spielraum. Vgl. auch die einschränkenden Bemerkungen von THEISS 1997, 134–136, zur unmittelbaren Anschlussfähigkeit der Sinnes- und Neurophysiologie Alberts an die gegenwärtige Forschung. Er lobt allerdings insgesamt die »konsistente Theorie« Alberts, »die es in Ansätzen vermochte, Physiologie und Pathologie von Perzeption, Kognition und Mnestik zu erfassen« (ebd., 140).

179 Dies erkennt selbst BLOCH 2007, 187, an: »One of the great merits of Albert's theory, compared to Aristotle's, is that it makes sure that memory is firmly incorporated among the faculties of the soul: its relationship with sensation and perception is highlighted, and its important function in the working of human beings is also well specified«.

Das historische Verdienst Alberts in der Erschließung einer ihm in mangelhafter Übersetzung vorliegenden aristotelischen Schrift, für deren Kommentierung er zudem kaum auf exegetisch brauchbare Vorbilder zurückgreifen konnte, ist auf jeden Fall schwerlich zu überschätzen. In seiner Arbeit mit diesem Text zeigt Albert in nuce, wie Silvia Donati zu Recht festgestellt hat, seine geistige Physiognomie als Wissenschaftler: Auf der Basis einer exzellenten Kenntnis des vorhandenen Quellenmaterials ist er stets auf der Suche nach möglichst präzisen Erklärungen.[180] Auf dieser Grundlage ist Albert in seiner Kommentierung zu einer fruchtbaren Deutung der Phänomene von Gedächtnis und Wiedererinnerung vorgedrungen, deren problemgeschichtlicher Beitrag in der gegenwärtigen Forschung noch nicht in vollem Umfang erkannt bzw. falsch eingeschätzt worden ist: Albert profiliert in seinem Kommentar zu *DMR* Gedächtnis und Wiedererinnerung systematisch als eigenständige Formen des menschlichen Weltbezugs neben der sinnlichen Wahrnehmung und dem Denken. Unser Erinnern dockt dynamisch an das Vergangene, insofern es vergangen ist – und das heißt: in seiner unverwechselbaren Individualität –, an und macht es uns gerade dadurch wieder ›gegenwärtig‹.[181] Das ist ein philosophisch gehaltvolles Konzept, das es auf jeden Fall wert ist, nicht vergessen zu werden.

5. Übersetzung von Alberts *De memoria et reminiscentia*

Die nachfolgende vollständige Übersetzung ist meines Wissens die einzige Übertragung dieses Werks in Deutsche;[182] zugleich ist sie die erste, die auf einem wissenschaftlich gesicherten Text basiert und nicht auf der unkritischen Borgnet-Ausgabe, auf deren dürftige Textqualität bereits R. A. Gauthier in seinen Prolegomena zur *Leonina*-Ausgabe des Kommentars von Thomas von Aquin hingewiesen hat.[183] Grundlage der Übersetzung ist der von Silvia Donati edierte Faszikel VII/2A der *Editio Coloniensis*, der auf den Seiten 113–137 den Text von Alberts *DMR* bietet. Nachfolgend wird ein philologisch gesicherter Lesetext geboten, der keine weitergehenden kommentatorischen Absichten

---

180 Vgl. Donati 2009, 537.
181 Die Bedeutung von *repraesentare* bzw. *repraesentatio* zur Beschreibung der seelischen Aktivität von *memoria* und *reminiscentia* in Alberts Kommentar scheint mir vor dem Hintergrund seiner gesamten Theorie wesentlich besser mit ›vergegenwärtigen‹ bzw. ›Vergegenwärtigung‹ erfasst als durch ›Abbildung‹, ›Wiedergabe‹, o. ä. Deshalb habe ich es in der nachfolgenden Übersetzung auch so ins Deutsche übertragen.
182 Eine Übersetzung ins Englische liegt bei Ziolkowski 2002 vor.
183 Vgl. Gauthier 1985, 122*.

verfolgt. Die Anmerkungen zum Text in den Fußnoten beschränken sich deshalb weitgehend auf die Nachweise der von Albert selbst explizit gekennzeichneten Zitate anderer Autoren oder seiner selbst,[184] auf Querverweise sowie auf einige wenige Erläuterungen zur Übersetzung. Bei den Querverweisen wird jeweils die Paginierung und Zeilenzählung im genannten Faszikel angegeben, so dass ein einfacheres Auffinden der Stellen im lateinischen Original möglich ist. Zur groben Orientierung im lateinischen Text sind die Spaltenumbrüche von den entsprechenden Seiten der *Editio Coloniensis* in ekkigen Klammern in den Übersetzungstext eingefügt, nach dem Schema: »[p. 122b]«. Alle anderen Einschübe in eckigen Klammern sind primär Lese- bzw. Verständnishilfen. Verzichtet wurde darauf, die im lateinischen Originaltext der Edition durch Kursivierung kenntlich gemachten Textbausteine aus der *Translatio Vetus* von Jakob von Venedig in der deutschen Übersetzung zu markieren. In runden Klammern werden einige lateinische Begriffe aus dem Original vermerkt, die von grundlegender terminologischer Bedeutung für die Thematik sind, insbesondere im Blick auf die Tätigkeit der verschiedenen inneren Sinne. Weitere Informationen zur Übersetzung einzelner Termini sind dem angehängten Glossar zu entnehmen.

---

184 Für umfangreichere Quellennachweise ist der Apparat in der *Editio Coloniensis* zu konsultieren.

Zweites Buch von
»Über den Wahrnehmungssinn und das sinnlich Wahrgenommene«

Über Gedächtnis und Wiedererinnerung

Erster Traktat

Kap. 1. Erläuternder Exkurs über die Lehre von Avicenna und Averroes über das Gedächtnis

»Von den übrigen Gegenständen ist aber zuerst das Erinnern zu betrachten«.[185] Da wir dasjenige betrachten, was der Seele und dem belebten Körper gemeinsam zukommt, und dargestellt worden ist, wie das sinnlich Wahrnehmbare zur Seele kommt,[186] bleibt Folgendes zu betrachten: Auf welche Weise kehrt die Seele ihrerseits durch die bei ihr vorhandenen sinnlichen Gehalte zu jenen sinnlich wahrnehmbaren Sachen selbst zurück, die außerhalb von ihr existieren? Dann ist nämlich die Bewegung des Sinnlichen fürs Erste vollendet: Denn die Seele nimmt die sinnlichen Gehalte nur zu dem Zweck auf, um dadurch zu den sinnlich wahrnehmbaren Sachen zu gelangen. Weil aber nach meinem Dafürhalten nahezu alle lateinischen Autoren in der Erkenntnis dieser Kräfte, die wir Gedächtnis und Wiedererinnerung nennen, in die Irre gegangen sind – wohl wegen der Unverständlichkeit des aristotelischen Textes –, deshalb wollen wir zuerst die klare Lehre der Peripatetiker über das Gedächtnis vorstellen, bevor wir die Lehre des Aristoteles verfolgen.

Daher sei erst einmal dasjenige ins Gedächtnis gerufen, was über die sinnlichen Wahrnehmungskräfte gesagt worden ist. Wir werden dabei finden, dass es vier Momente sind, in denen die Tätigkeit des Gedächtnisses vollendet wird. Wir sagen nämlich dann, dass wir uns erinnern, wenn wir durch dasjenige, was wir bei uns haben, deutlich das erkennen, was wir zuvor gesehen, gehört oder gelernt haben. Sofern wir aber sagen, dass wir uns aus dem heraus erinnern, was bei der Seele ist, müssen notwendigerweise zwei Tätigkeiten vorausgehen. [p. 113b] Deren erste besteht darin, dass das aufgenommen wird,

---

185 Aristoteles, *De sensu et sensato* 7 (449 a 3–4).
186 Nämlich in der vorangegangenen ersten Schrift der aristotelischen *Parva Naturalia*, in der die sinnliche Wahrnehmung erklärt wird, sowie in Alberts Kommentierung hierzu (*De sensu et sensato*).

mit dem das Gedächtnis anhebt; und das ist die Tätigkeit des Gemeinsinns. Die zweite [Tätigkeit] liegt aber darin, dass es bei uns aufbewahrt wird, als etwas in der Vergangenheit aus Gegenwärtigem Aufgenommenes. Wir haben in unserer Schrift *Über die Seele* nachgewiesen, dass ein und dasselbe organische Vermögen unmöglich zugleich gut aufnehmen und gut aufbewahren kann.[187] Dieses aufbewahrende [Vermögen] bezeichnet Avicenna als ›formbildend‹ (*formalis*) oder als ›einbildend‹ (*imaginativa*),[188] während Averroes es in seinem Kommentar zu diesem Buch [scil. *DMR*] als ›aufbewahrend‹ (*conservans*) – und nicht als ›einbildend‹ oder ›formbildend‹ – bezeichnet.[189] Seiner Begründung zufolge ist die Einbildung (*imaginatio*) – verstanden als eine Nachahmung (*imitatio*) – die Kraft, welche die Form auf die Sache bezieht, deren Form sie ist; doch das aufbewahrende Vermögen tut nichts anderes, als die in ihm eingezeichneten Formen zu speichern. Aus diesem Grund sagt er [scil. Averroes], dass wir zwar viel sinnlich Wahrnehmbares in uns aufzubewahren vermögen, wir uns aber nicht gleichzeitig vieles in der Einbildung vorstellen können.[190]

Hierdurch ist also offensichtlich mit Notwendigkeit nachgewiesen worden, dass im Blick auf diesen Teil des Gedächtnisses – nämlich den, der aus dem voranschreitet und mit dem anhebt, was wir bei uns haben – zwei ihm vorausgehende Kräfte angenommen werden müssen. In ähnlicher Weise muss man aber bei jenem Teil, durch den man deutlich zu der zuvor gesehenen oder gehörten Sache zurückkehrt, eine vor ihm tätige Kraft annehmen. Die Sache wird nämlich aus ihrer eigenen Gestalt heraus nicht deutlich erkannt. Denn wäre das wahr, dann könnten wir deutlich jede beliebige Sache erkennen, deren Gestalt wir bei uns haben. Das kann aber nicht sein, da es bei den Gestalten vielfältige Ähnlichkeiten gibt; doch eine deutliche Erkenntnis der Sache [p. 114a] entsteht in der Seele dann, wenn erkannt wird, dass diese Gestalt die Intention dieser Sache und nicht die einer anderen ist. Vor dem Gedächtnis muss also eine Kraft tätig sein, die der Gestalt die jeweiligen Intentionen der Sachen entlockt. Und diese [Kraft] bezeichnet Avicenna gut und passend als ›Einschätzung‹ (*aestimatio*).[191] Averroes hingegen spricht davon in unpassender Weise als ›Denkkraft‹ (*cogitativa*) der vernunftlosen Tiere, durch die sie das Schädliche fliehen und das Vorteilhafte erstreben.[192] Weil

---

187 ALBERTUS MAGNUS, *De anima* l. 2 tr. 4 c. 7 (Ed. Colon. 7/1), p. 157 v. 22–28.
188 AVICENNA, *Liber de anima* IV 1, ed. Van Riet, p. 5 v. 60–61.
189 AVERROES, *De memoria et reminiscentia* (CCAA 7), p. 48 v. 19 – p. 49 v. 23, p. 52 v. 58–60.
190 *Ebd.*, p. 55 v. 18–25.
191 AVICENNA, *Liber de anima* IV 1, ed. Van Riet, p. 6 v. 79 – p. 8 v. 1.
192 Vgl. AVERROES, *De memoria et reminiscentia* (CCAA 7), p. 52 v. 58 – p. 54 v. 7 (eine Stelle, die Albert aber falsch verstanden hat; vgl. die entsprechende Anmerkung von Silvia Donati im Quellenapparat: [Ed. Colon. 7/2A], p. 114 v. 6–8).

nun das Gedächtnis beides davon hat, müssen in ihm sowohl die Gestalten als auch die Intentionen eingezeichnet sein; denn der Gedächtnisakt wird durch die Zusammenfügung von beiden vollendet.

Deshalb sagt Averroes in seinem Kommentar zu diesem Buch [scil. *DMR*] ganz richtig, dass im Kopf fünf Orte organisch fundierter Auffassungsvermögen angesiedelt sind.[193] Der erste davon gehört zu den äußeren [Wahrnehmungs-] Organen; er bezeichnet ihn als besonders körperlichen [Ort] der harten Hülle, insofern er [etwas] in der Umhüllung der Gegenwart der Sache aufnimmt. Die Ergänzung jenes Ortes befindet sich im Organ des Gemeinsinns im ersten Teil des Kopfes, der markig und feucht ist. Der zweite Ort ist der Gemeinsinn: Wie wir andernorts dargestellt haben,[194] ist er der erste unkörperlichen Orte, denn der Gemeinsinn ist formbildend im Vergleich zu den je eigenen [äußeren] Sinnen, und ist deshalb, wie gerade gesagt, die Ergänzung des ersten Orts.[195] Der dritte Ort aber, der sich zum zweiten als Ergänzung verhält, ist das Organ der Einbildungskraft; denn die Einbildungskraft ist in höherem Maße unkörperlich als der Gemeinsinn. Er [scil. Averroes] setzt die Einbildung (*imaginatio*) mit der Vorstellung (*phantasia*) gleich; wie sich das in Wahrheit verhält, ist im Buch *Über die Seele* bestimmt worden.[196] Der vierte Ort befindet sich im Organ der Unterscheidungskraft, den er als Denkkraft der Tiere bezeichnet [p. 114b] und der die Intentionen von den Gestalten der Sachen unterscheidet. Der fünfte [Ort] befindet sich im Organ der Gedächtniskraft, und dieser Ort ist der am meisten unkörperliche von allen: Denn er empfängt den Kern dessen, was die drei [anderen] Kräfte (nämlich Gemeinsinn, Einbildung und Unterscheidungskraft) ausdifferenziert haben, und kehrt dadurch in deutlicher Unterscheidung zu den Sachen zurück. Deshalb besteht der Gedächtnisakt darin, dass er durch das Zusammenfügen der unterschiedenen Intentionen mit den Gestalten der Sachen in deutlicher Weise zu den Sachen zurückkehrt.

Averroes beweist aber in Übereinstimmung mit Avicenna, dass diese fünf Orte im Kopf von ihren Aktivitäten her zu unterscheiden sind:[197] Sie sagen,

---

193 *Ebd.* (CCAA 7), p. 58 v. 56 – p. 59 v. 64.

194 ALBERTUS MAGNUS, *De anima* l. 2 tr. 4 c. 7 (Ed. Colon. 7/1), p. 158 v. 4–33.

195 Mit »unkörperlich« wird hier und im Folgenden *spiritualis* wiedergegeben: Albert bezieht sich bei dieser sequentiellen Anordnung der inneren Sinne und ihrer zunehmend von der körperlichen Präsenz abstrahierenden Tätigkeit nämlich direkt auf Averroes (vgl. hierzu auch oben, Anm. 55 zum Haupttext). Wie ENDRESS 2012, 274f., begriffsgeschichtlich nachgewiesen hat, stehen bei diesem Gebrauch erkennbar dualistische Motive im Hintergrund. Für ein anderes, eher physiologisches Verständnis von *spiritus*, das sich ebenfalls bei Albert findet, vgl. unten, Anm. 266.

196 ALBERTUS MAGNUS, *De anima* l. 3 tr. 1 c. 3 (Ed. Colon. 7/1), p. 168 v. 27–76.

197 AVERROES, *De memoria et reminiscentia* (CCAA 7), p. 57 v. 44 – p. 58 v. 55; AVICENNA, *Liber de anima* I 5, ed. Van Riet, p. 87 v. 19 – p. 90 v. 60; *ebd.* l. 4 c. 1, p. 8 v. 2 – p. 9 v. 11.

dass die aufnehmende Tätigkeit des Gemeinsinns und die Einbildungskraft in der Stirn im vorderen Teil des Gehirns angesiedelt sind, das Denken oder Unterscheiden im mittleren Teil, und die Aufbewahrung und das Gedächtnis im hinteren Teil. Deshalb bewirkt eine Verletzung im hinteren Teil [des Gehirns] das Vergessen, während das Denken bzw. die Unterscheidung sowie die Einbildung und die Aufnahme des sinnlich Wahrnehmbaren intakt bleiben. Wird hingegen der mittlere Teil verletzt, verbleiben die vorderen und hinteren Teile in ihrer Funktion, während der mittlere geschwächt wird. Und bei Verletzung des vorderen Teils wird die Tätigkeit der ersten gestört, während der mittlere und der hintere in ihrer Funktion verbleiben. Hieraus folgt, dass sich laut Averroes die aufbewahrende Kraft vom Gedächtnis nur im Sein unterscheidet, weil die aufbewahrende Kraft sowohl Gestalten als auch Intentionen speichert, während sich das Gedächtnis im Zusammenfügen von beidem auf die Sachen außerhalb seiner selbst bezieht. Dies ist also gemäß Averroes und anderen zufolge die Lehre des Aristoteles.

Ich aber meine, dass eines ergänzt werden muss, bevor wir mit der Lehre des Aristoteles fortfahren. Es geht um die Aussage, dass das Gedächtnis zum ersten Wahrnehmenden gehört. [p. 115a] Darauf beharren einige vehement und behaupten, dass das Organ des Gedächtnisses sich im vorderen Teil des Kopfes befindet – aber das steht gegen alle, die sich über die seelischen Kräfte im Anschluss an die Erfahrung der Peripatetiker äußern.[198] Deshalb sagen wir, dass das erste Wahrnehmende die Quelle und der Ursprung der Sinnlichkeit ist und dass es ihm zukommt, gemäß seiner selbst immer und in jedem sinnlich Wahrnehmbaren tätig zu sein. Es ist offensichtlich, dass das kein einzelner Sinn ist. Wenn der Gemeinsinn und das Gedächtnis dasselbe Organ hätten, dann wären alle [Lebewesen], die einen Gemeinsinn haben, auch mit einem Gedächtnis ausgestattet; das ist aber falsch, weil Würmer und Schaltiere kein Gedächtnis haben. Deshalb ist offensichtlich, dass das Gedächtnis zum ersten Wahrnehmenden gehört, wie dasjenige, von dem seine [scil. des Gedächtnisses] erste Bewegung ausgeht (ebenso wie die Vorstellung als »von der Sinneswahrnehmung im Akt bewirkte Bewegung« bezeichnet wird[199]). Auf diese Weise gehört auch das Gedächtnis zum ersten Wahrnehmenden, und zwar als das, worin die Bewegungen des ersten Wahrnehmenden zur Ruhe kommen und von wo aus die Rückwendung auf die zuerst durch den Sinn aufgenommene Sache stattfindet. [p. 115b]

---

198 Vgl. hierzu auch Albertus Magnus, *De homine* (Ed. Colon. 27/2), p. 305 v. 25–45, sowie die zugehörigen Anmerkungen im Quellenapparat.

199 Aristoteles, *De anima* III 3 (429 a 2–3).

Kap. 2. Was ist die Absicht des Werks, und was sind die Gedächtnisgegenstände wirklich?

Nachdem dies vorausgeschickt worden ist, wollen wir nun die Lehre des
Aristoteles darlegen. Wir sagen, dass unter den übrigen Leistungen, die dem
Körper und der Seele gemeinsam zukommen, zuerst das Gedächtnis betrachtet werden muss; es ist aber auch der Gedächtnisakt, der im Sich-Erinnern
besteht, zu untersuchen. Für beides ist zu klären, was es ist und aus welchen
Ursachen es sich bei bestimmten Lebewesen findet. Und es ist auch zu prüfen, welchem Seelenteil die Affektion (*passio*) zukommt, die das Gedächtnis
ist,[200] ob sie sich also im rationalen oder im sinnlichen [Teil der Seele] befindet – denn es steht fest, dass sie dem vegetativen [Seelenteil] nicht zukommt.
Weiterhin wird aber auch später das Wiedererinnern zu untersuchen sein:
Denn auch wenn Gedächtnis und Wiedererinnerung auf gewisse Weise miteinander verbunden sind, so sind sie trotzdem nicht einfach dasselbe. Das ist
an ihren jeweiligen Trägern erkennbar, denn es haben nicht die gleichen
Menschen ein gutes Gedächtnis und eine gute [p. 116a] Fähigkeit zur Wiedererinnerung: Oft sind die Begriffsstutzigen gedächtnisstark, während diejenigen, die gut im Wiedererinnern sind, sich häufig durch schnelle Auffassungsgabe und durch gutes Lernvermögen auszeichnen.

Da man aber die Kräfte und Tätigkeiten der Seele von ihren Objekten her
zu erkennen hat, muss man zuerst untersuchen, wie die Gedächtnisgegenstände beschaffen sind. Darüber gibt es nämlich oft Täuschungen, weil es
verborgen bleibt. Sagen wir also, dass es dem Zukünftigen, insofern es zu-
künftig ist, auf keine Weise zukommt, erinnert zu werden, insofern das Zukünftige entweder Gegenstand des Meinens oder des Erwartens ist. Gegenstände des Meinens, deren Eintreten schlechthin als wahr erwartet wird, sind
z. B. Sonnenfinsternis, Erdbeben und anderes von dieser Art. Gegenstände des
Erwartens, die als nützlich für das Leben erhofft werden, sind etwa die Frucht-
barkeit des Jahres, der Sieg im Krieg und dergleichen. Unter dem zu Erwartenden ist auch das zu Befürchtende enthalten, das als zukünftiges Übel erwartet
wird. Vom zu Erwartenden gibt es eine Art Wissen(schaft), insofern einige Ma-
thematiker sagen, dass jede Weissagung ein Wissen von zu Erwartendem sei,

---

200 Mit *passio* (grch. *pathos*) zur Bezeichnung der Gedächtnisinhalte ist zweierlei gemeint:
Zum Einen handelt es sich um etwas, das uns in seiner Genese prozessual widerfährt
bzw. das wir ›erleiden‹ (lat. *pati*, grch. *paschein*); zum Anderen ist damit aber auch das
Resultat dieses Prozesses (also hier: der entstandene Gedächtniseindruck) angesprochen. »Affektion« soll im Deutschen beide Momente einfangen: Man wird von etwas
affiziert, und dadurch entsteht eine Affektion in Form einer Gedächtnisspur. Übersetzungen mit »Widerfahrnis« bzw. »Leidenschaft« betonen hingegen stärker die prozessuale Dimension.

und zwar am Meisten das [Wissen] durch die Position und die Bewegung der Sterne, weil jenes auf besonders sicheren Prinzipien beruht. Solche Wissenschaften sind auch die Nigromantie, die Geomantie und weiteres von dieser Art;[201] sie tragen aber nicht in gleichem Maße den wahren Namen der Wissenschaft wie die Weissagung, die auf den Sternen beruht. So ist also offensichtlich, dass das Gedächtnis sich nicht auf Zukünftiges bezieht.

Ebensowenig bezieht sich das Gedächtnis aber auf Gegenwärtiges, denn darauf ist die Sinneswahrnehmung ausgerichtet. Durch die Sinneswahrnehmung erkennen wir nämlich weder das Zukünftige noch das in der Vergangenheit Geschehene, sondern nur das Gegenwärtige. Der Grund hierfür liegt darin, dass das sinnlich Wahrnehmbare nur durch seine materielle Präsenz auf den Sinn einwirkt. Weil also der Gegenstand des Gedächtnisses irgendeine zeitliche Differenz betrifft, muss sich das Gedächtnis auf das in der Vergangenheit Geschehene und weder auf das Gegenwärtige noch auf das Zukünftige richten. Man sagt nämlich von niemandem, dass er sich an das Gegenwärtige ›erinnert‹, solange es in der Sinneswahrnehmung anwesend ist, wenn jemand z. B. etwas Weißes gegenwärtig sieht.

Das Gleiche gilt aber auch, wenn jemand etwas durch den Geist betrachtet, insofern er es aktuell bedenkt und versteht. Das geistig Erfasste als solches [p. 116b] ist nämlich etwas Allgemeines, das überall und immer gilt und von jeder zeitlichen Differenz abgesondert ist. Der Gedächtnisgegenstand hingegen betrifft die zeitliche Differenz, welche die vergangene Zeit ist. Wenn also etwas anwesend ist, wird von uns gesagt, dass wir es wahrnehmen. Aber wenn wir etwas mit unserem Geist betrachten, wird von uns gesagt, dass wir jenes wissen. Wenn sie [scil. die Seele] allerdings ohne diese Akte – d. h.: ohne die spezifische Wirkung eines einzelnen oder eines allgemeinen Gegenstandes auf sie – eine sinnlich fundierte Kenntnis oder ein Wissen von irgendetwas hat, dann wird gesagt, dass sie sich erinnert: Denn dann ist es erforderlich, dass sie zu der zuvor erkannten Sache allein aus dem voranschreitet, was sie bei sich hat; z. B. wenn sie auf ein nicht anwesendes Dreieck den Satz bezieht, dass die drei Winkel des Dreiecks zwei rechten Winkeln entsprechen. Dann betrachtet sie durch den Geist das, was sie in der Vergangenheit gelernt oder betrachtet hat. Oder wenn sie eine sinnlich fundierte Kenntnis hat, dann nimmt sie das wahr, was sie vorher gehört oder gesehen hat. Denn wenn

---

201 Dabei handelt es sich um verschiedene okkulte Praktiken zu Zwecken der Weissagung bzw. Hellseherei: Nigromantie (bzw. Nekromantie) ist eine Form der Totenbeschwörung; bei der Geomantie kommen Muster in der Erde oder im Sand zum Einsatz. Zur Nigromantie vgl. R. Kieckhefer, *Magie im Mittelalter*, München 1992, Kap. 7, bes. 190–198 zu den Wurzeln dieser Praxis.

jemand mit seinem Gedächtnis tätig ist, so muss man sagen, dass die Seele sich auf das Vergangene bezieht, das sie zuvor gehört bzw. anderweitig sinnlich wahrgenommen oder geistig erfasst hat (insofern sich das Gedächtnis beiläufig auch auf geistig erkennbare Objekte bezieht, wie wir unten zeigen werden[202]).

Aus allem Vorangehenden folgt aber, dass das Gedächtnis weder sinnliche Wahrnehmung noch vernünftige Meinung ist, sondern ein Zustand oder eine Affektion von irgendetwas, das zur sinnlichen oder rationalen Seele gehört, insofern eine Bestimmung der vergangenen Zeit hinsichtlich des Gegenstands der Wahrnehmung oder des Meinens erfolgt. Für das Jetzt oder das zum jetzigen Zeitpunkt Gegenwärtige gibt es hingegen kein Gedächtnis, wie gesagt worden ist,[203] sondern auf das Gegenwärtige bezieht sich die sinnliche Wahrnehmung, auf das Zukünftige die Erwartung, auf das Geschehene aber das Gedächtnis. Deshalb entsteht das Gedächtnis immer nach der Zeit, zu der die Seele sich hinsichtlich der Sache betätigt hat.

Hieraus lässt sich weiterhin schlussfolgern: Welche Tiere auch immer eine Wahrnehmung der Zeit haben, diese allein sind zur Erinnerung fähig, insofern sie die Zeit wahrnehmen, wie weiter unten deutlich wird.[204] Nicht alle Tiere nehmen nämlich die Zeit wahr. Zeit wird auf zweifache Weise wahrgenommen: zum Einen in sich, insofern sie die Zahl der Bewegung ist; auf diese Weise haben ausschließlich die vernunftfähigen Wesen eine Wahrnehmung und Erkenntnis der Zeit. [p. 117a] Zum anderen wird die Zeit wahrgenommen im Zeitlichen (und nicht in sich): Dann wird sie unter einer bestimmten Zeitdifferenz wahrgenommen, insofern sie der zeitlichen Sache anhaftet. Das ist eine verschwommene Auffassung von Zeit, so wie sie im Vergangenen wahrgenommen wird, sobald die Sache vergangen ist. So kehren z. B. Schafe und Ziegen zu ihren Gehegen zurück, insofern sie die Gehege erkennen, die sie in der Vergangenheit bewohnt haben; und die Ameisen sammeln sich in ihren Bauten, weil sie künftige Regenfälle voraussahen. Aber trotzdem nehmen vernunftlose Tiere weniger das Zukünftige als das Vergangene wahr: Sie nehmen nämlich das Vergangene durch ein Bild der vergangenen Sache wahr, die sie in sich tragen; das Zukünftige hingegen ahnen sie nur durch irgendein gegenwärtiges Zeichen voraus, wie durch Dampf, Wärme oder etwas Derartiges.

Hieraus liegt also offen zu Tage, was der Gedächtnisgegenstand im eigentlichen Sinne ist.

---

202 Vgl. unten, tr. 1 c. 3 (Ed. Colon. 7/2A), p. 118 v. 45–58; hier: S. 69.

203 ARISTOTELES, *De memoria et reminiscentia* 1 (449 b 13).

204 Vgl. unten, tr. 1 c. 3 (Ed. Colon. 7/2A), p. 118 v. 59 – p. 119 v. 17; hier: S. 69 f.

Kap. 3. Zu welchem Teil der Seele gehört das Gedächtnis?

Jetzt steht es aber noch aus zu bestimmen, zu welchem der Seelenteile das Gedächtnis gehört. Wir wollen also das anführen, was über die Vorstellungskraft zuvor in den Büchern *Über die Seele* gesagt worden ist;[205] dort wurde schon erläutert, dass der Geist in Möglichkeit in uns nicht ohne einen Vorstellungsgehalt zur Tätigkeit übergeht.[206] [p. 117b] Dem Geist kommt dabei dieselbe Affektion zu wie der Unterscheidung. ›Unterscheidung‹ (*discretio*) nennen wir die deutliche Erkenntnis einer Sache im Unterschied zu einer anderen, die durch Denken erfolgt, indem der Allgemeinbegriff so auf die einzelnen Sachen angewendet wird, dass aus den Eigenschaften der einzelnen Sachen heraus eine deutliche Erkenntnis erreicht wird. Im Umgang mit den geistig erkennbaren Objekten, insofern sie geistig erkennbar sind, machen wir keinen Gebrauch von einer festgelegten Quantität; denn geistig erkennbare Objekte sehen von jeder festgelegten Quantität ab. Wollen wir trotzdem aus den geistig erkennbaren Objekten heraus, die wir bei uns haben, eine deutliche Erkenntnis haben, beschreiben wir sie als begrenzt und bestimmt durch Quantität und Gestalt; und dasselbe tun wir, wenn wir uns eine Meinung bilden. Wir müssen nämlich alles auf bestimmte Quantitäten und Gestalten zurückführen, wenn wir aus dem heraus, was wir geistig erfassen oder meinen, eine unterschiedene Erkenntnis der Sache gewinnen wollen. Auch wenn der Geist als Geist keine bestimmte Quantität geistig erfasst, stellt er sich bei Rückführung der geistig erkennbaren Objekte auf die Sachen doch eine bestimmte Quantität vor Augen, insoweit er sich auf die gestalthafte Sache bezieht, als wenn sie ihm vor Augen stünde. Dennoch erkennt er die Quantität in einem absoluten Sinne, d. h. gemäß dem Begriff der Quantität und nicht gemäß einer so oder anders gestalteten Quantität. Obwohl das Wesen und der Begriff der Quantität im Allgemeinen liegt und deshalb weder begrenzt noch durch diese oder jene Gestalt bestimmt ist [p. 118a], setzt er [scil. der Geist] bei der Rückführung der geistig erkennbaren Objekte auf die

---

205 ARISTOTELES, *De anima* III 4 (427 b 27 – 429 a 9). Vgl. ALBERTUS MAGNUS, *De anima* l. 3 tr. 3 c. 7–9 (Ed. Colon. 7/1), p. 172 v. 46 – p. 176 v. 67.

206 ARISTOTELES, *De anima* III 7 (431 a 16–17). Vgl. ALBERTUS MAGNUS, *De anima* l. 3 tr. 3 c. 3 (Ed. Colon. 7/1), p. 212 v. 35–39. Hier und nachfolgend ist mit dem »Geist in Möglichkeit« der *intellectus possibilis* bezeichnet, der gemäß Aristoteles' *De anima* III 4–5, vom »tätigen Geist« (*intellectus agens*) zu unterscheiden ist, der auf ihn in irgendeiner Weise einwirkt, wodurch es zur Aufnahme der geistigen Gehalte im *intellectus possibilis* und damit zu seiner Realisierung als Vermögen kommt. Das Verständnis dieser beiden Konzepte sowie die damit verknüpfte Epistemologie sind unter den arabischen und lateinischen Interpreten von Aristoteles freilich massiv umstritten.

Sachen doch eine durch diese oder jene Gestalt begrenzte Quantität an, die den zuvor durch die Sinne aufgenommenen Sachen entspricht. Insofern er diese Quantität allein und absolut (also ohne Bezug auf die Sachen außen) erkennt, erfasst er sie geistig nur insofern, als die Quantität den Allgemeinbegriff ›Quantität‹ hat. Diese Affektion folgt nämlich in besonders heftiger Weise auf den Geist in Möglichkeit, der etwas aus der Sinneswahrnehmung empfängt. Dies bringt auch Dionysius Areopagita zum Ausdruck: Wenn jemand irgendetwas von den göttlichen Sachen geistig erkennt, dann passt er es an die Quantität und Gestalt an, in denen es sich im Akt manifestiert; so schreiben wir die geistige Erkenntnis der bewegenden [Gestirne] der kreisförmigen und einfachen Gestalt [scil. der Sternbahn] zu, die von ihnen verursacht wird.[207]

Es ist aber eine andere Frage, warum es dem Geist in Möglichkeit zukommt, dass er von den in der Zeit befindlichen Dingen (wie den natürlichen und mathematischen Dingen, die ihrem [konkreten] Sein nach in der Zeit sind) ohne die Vorstellungen des Kontinuierlichen und der Zeit nichts geistig erkennt, obwohl doch deren allgemeine Begriffe weder an das Kontinuierliche noch an das in der Zeit Befindliche geknüpft sind. Über dieses Problem ist zum Teil schon im Buch *Über die Seele* gesprochen worden, wo wir gesagt haben, dass der Geist in Möglichkeit von einem Vorstellungsgehalt bewegt wird, der den Charakter des Kontinuierlichen und Zeitlichen besitzt.[208] Zum Teil wird darüber auch im Buch *Über den Geist und das geistig Erkennbare* gesprochen werden: So wie es für den Geist in Möglichkeit natürlich ist, von einer mit dem Kontinuierlichen und der Zeit verbundenen Form bewegt zu werden, ist es für denselben Geist auch natürlich, den Allgemeinbegriff dem Kontinuierlichen und Zeitlichen anzupassen, wenn er durch den Allgemeinbegriff, den er bei sich hat, zur [einzelnen] Sache zurückkehrt. Dennoch existiert der Allgemeinbegriff überall und immer, insofern er weder irgendeine Gestalt noch einen Zeitindex besitzt.

Aus allen diesen Bestimmungen lässt sich somit ablesen, dass man weder durch die Einbildungskraft noch durch den Geist aus demjenigen, was die Seele bei sich hat, zur Sache zurückkehrt, außer durch die zuvor aufgenommene Gestalt und die zuvor aufgenommene Zeit. [p. 118b] Sehen wir uns also an, mit welchem Teil der Seele das Kontinuierliche, die Gestalt und die Zeit aufgenommen werden, und dann werden wir herausfinden, zu welchem Teil der Seele das Gedächtnis gehört. Wir wollen sagen, dass die Zeit

---

207 Dɪᴏɴʏsɪᴜs Ps.-Aʀᴇᴏᴘᴀɢɪᴛᴀ, *De divinis nominibus* c. 1 § 4 (PTS 33), p. 114 v. 1–7; c. 9 § 9, p. 213 v. 7–20.
208 Aʟʙᴇʀᴛᴜs Mᴀɢɴᴜs, *De anima* l. 3 tr. 3 c. 3 (Ed. Colon. 7/1), p. 212 v. 28–65.

notwendigerweise durch dasselbe erkannt wird, wodurch auch Größe und Bewegung erkannt werden. Wir wissen nämlich, dass die Zeit ihr quantitatives Maß nur aus Größe und Bewegung heraus besitzt. Wir haben aber im Buch *Über die Seele* gesagt, dass die Vorstellung als Affektion sich dem Wirken des Gemeinsinns verdankt, insofern sie eine vom Gemeinsinn bewirkte Bewegung und Affektion ist.[209] Deshalb ist es offensichtlich, dass ihre erste Erkenntnis im ersten Wahrnehmenden stattfindet, also im Gemeinsinn. Das Gedächtnis ist aber, wie wir schon oben gesagt haben,[210] nicht ohne Vorstellungsgehalte tätig, sogar im Falle geistiger Erinnerung. Das Gedächtnis wendet sich also aus dem heraus, was bei der Seele ist, auf die Sache zurück: Beiläufig bezieht es sich auf geistig erkennbare Objekte, insofern diese Rückwendung manchmal ihren Ausgang von einem zuvor aufgenommenen geistigen Erkenntnisobjekt nimmt; an sich bezieht es sich aber auf das erste Wahrnehmende, insofern die Vollendung des Gedächtnisses niemals ohne das geschieht, was vom ersten Wahrnehmenden aufgenommen wird, nämlich die bestimmte Größe und Zeit. Wir wollen aber über nichts anderes sprechen als über das, was das Gedächtnis hinsichtlich seiner Objekte informiert und konstituiert. Denn auch wenn jene Gedächtnisgegenstände zuweilen vom Geist her aufgenommen werden, führen sie nicht in ihrer geistigen Erkennbarkeit zur zuvor gesehenen Sache zurück, sondern eher, insofern sie durch das erste [sinnlich] Wahrnehmende erfasst worden sind. In jener Gestalt und unter derjenigen zeitlichen Differenz, unter der sie zuvor aufgenommen worden sind, bewirken sie nämlich die Rückwendung der Seele auf die Sache.

Da sich das Gedächtnis bloß beiläufig auf geistig Erkennbares bezieht, deshalb wohnt es auch anderen Tieren als dem Menschen inne und nicht bloß den Menschen oder denjenigen, die über Meinung und Klugheit verfügen (wie sie einige auch den Pygmäen zuschreiben, die in Wahrheit keine Menschen sind, wie wir im Buch *Über die Tiere* zeigen werden[211]). Wäre nämlich das Gedächtnis zur Gruppe der geistigen Kräfte zu rechnen, würde es doch auf keinen Fall vielen der anderen Tiere innewohnen. Und wenn wir das Geistige vom reinen tätigen Geist her bestimmten, dann [p. 119a] würde das Gedächtnis überhaupt keinem sterblichen Wesen innewohnen. Dies wird aber im Buch *Über den Geist und das geistig Erkennbare* eingehender und mit Gewissheit zu klären sein.[212] Obwohl es [scil. das Gedächtnis] auf sinnliche Gegenstände an sich bezogen ist, wohnt es trotzdem nicht allen Sinnenwesen

---

209 *Ebd.*, l. 3 tr. 1 c. 8 (Ed. Colon. 7/1), p. 174 v. 90 – p. 175 v. 36
210 Vgl. oben, tr. 1 c. 2 (Ed. Colon. 7/2A), p. 116 v. 39–52; hier: S. 65 f.
211 ALBERTUS MAGNUS, *De animalibus* l. 21 tr. 1 c. 2, ed. Stadler, p. 1328 v. 2 – p. 1329 v. 32.
212 ALBERTUS MAGNUS, *De intellectu et intelligibili* l. 1 tr. 1 c. 6 (Ed. Paris. 9), p. 486a–487b.

inne, weil nicht alle einen Zeitsinn haben; wie wir im *Buch Über die Seele* bestimmt haben, haben gewisse unvollkommene [Sinnenwesen] Einbildungs-kraft und Gemeinsinn nur vermischt mit dem Geruchs- und Tastsinn.[213] Wie schon zuvor gesagt worden ist:[214] Wann auch immer das Gedächtnis im (Wieder)Erinnern tätig ist,[215] ist es mit Bezug auf eine bestimmte vergangene Zeit tätig: Wenn man etwas gesehen oder gehört hat, hat man hiervon ein Gedächtnis an sich, bezogen auf das im ersten Wahrnehmenden Aufgenom-mene; wenn man etwas zuvor gelernt hat, ist es nur beiläufig im Gedächtnis, bezogen auf etwas geistig Erkanntes. Und so kann man grundsätzlich sagen, dass das Gedächtnis tätig ist, indem es das früher Wahrgenommene wieder gegenwärtig macht. Es steht aber fest, dass ›früher‹ und ›später‹ zeitliche Bestimmungen sind; deshalb ist das Gedächtnis tätig, indem es in der Auf-fassung des Vergangenen mit einer bestimmten Zeitdifferenz arbeitet.

Aus dem Gesagten ist klar, zu welchem Teil der Seele das Gedächtnis hauptsächlich gehört: Es gehört zum sinnlichen Teil, der die Quantität und die Zeit aufnimmt, wovon es auch eine Vorstellung gibt. Die auf diese Weise aufgenommenen Sachen sind die Gegenstände des Gedächtnisses an sich, weil es von jenen auch eine Vorstellung gibt. Beiläufig gehört allerdings zu den Gegenständen des Gedächtnisses alles, was auch immer mit einer Vor-stellung verbunden ist, wie z. B. [p. 119b] das vom Geist in Möglichkeit Er-kannte; dieses wird zuerst aus den Vorstellungsgehalten aufgenommen und später wiederum auf Vorstellungsgehalte angewendet, wenn die Seele sich aus dem geistig Erkannten auf die zuvor durch die Sinneswahrnehmung erfasste Sache zurückwendet.

Kap. 4. Zur Auflösung eines Zweifels hinsichtlich der Aussage, dass das Gedächtnis sich auf das Vergangene bezieht

Es mag aber jemand Zweifel an unserer Behauptung hegen, dass das Ge-dächtnis sich auf das Vergangene, insofern es vergangen ist, bezieht. Man könnte nämlich nach dem Grund fragen, weshalb wir die abwesende Sache, die nicht gegenwärtig ist, erinnern – und nicht eher die gegenwärtige Affek-tion, die im Modus der Gegenwärtigkeit in die Schatzkammer der Formen eingezeichnet ist, die wir oben als bewahrenden Teil der Seele bezeichnet

---

213 ALBERTUS MAGNUS, *De anima* l. 3 tr. 4 c. 9 (Ed. colon. 7/1), p. 238 v. 54 – p. 239 v. 41.
214 Vgl. oben, tr. 1 c. 2 (Ed. Colon. 7/2A), p. 116 v. 27–60; hier: S. 65 f.
215 Im lateinischen Text: *rememorando*. Damit ist hier aber nicht das Wiedererinnern (*remi-nisci*) gemeint, das erst im zweiten Traktat behandelt wird, sondern das Erinnern als Tätigkeit des Gedächtnisses. Zur Terminologie vgl. auch unten, Anm. 226.

haben.[216] Das läuft auf folgende Frage hinaus: Wenn feststeht, dass das Gedächtnis mit einem bei ihm in der Seele gegenwärtigen Gehalt (*species*)[217] anhebt und mittels seiner zur zuvor wahrgenommenen Sache kommt, weshalb sagt man dann, dass das Gedächtnis sich eher auf das Vergangene bezieht (wegen der abwesenden Sache) als auf das Gegenwärtige (wegen des in der Seele gegenwärtigen Gehalts, von dem die Rückwendung beginnt)? Denn man muss offensichtlich Folgendes einsehen: Etwas von dieser Art, von dem die Rückwendung anhebt, [p. 120a] ist in der Seele gegenwärtig, als etwas durch den Gemeinsinn sowie durch die spezifische Sinneswahrnehmung Aufgenommenes; und man muss verstehen, dass jenes in dem Teil des Körpers ist, der das Gedächtnis enthält – so wie ein Organ eine Kraft besitzt, in der seine Vollendung liegt. Denn würde man nicht verstehen, dass etwas Derartiges im Teil des Gedächtnisses innewohnt, dann hätte das Gedächtnis nichts, womit es beim Erinnern beginnen könnte, um sich auf die Sache zurückzuwenden, die es zuvor wahrgenommen hat. So ist ein Bild von Tieren, das durch sinnliche Wahrnehmung empfangen und in den sinnlichen Teil der Seele eingezeichnet ist, eine Affektion und eine Eigenschaft desselben Teils der Seele, von dem wir oben gesagt haben, dass das Gedächtnis zu seinen Zuständen gehört.[218] Die Bewegung des Sinnlichen zur Seele hin bezeichnet nämlich ein Individuum, auf das man sich durch den Gedächtnisakt zurückwendet. Und das ist wie [p. 120b] eine Gestalt oder eine andere Bewegung des über Geschmack oder Geruch Wahrnehmbaren, das sich wie ein Siegelring in Wachs einprägt und einen Abdruck ohne Materie hinterlässt, was im Buch *Über die Seele* erläutert worden ist.[219]

Dass ein solcher Eindruck vom sinnlich Erkennbaren in den Teilen der sinnlichen Seele hinterlassen wird und dort verbleibt, lässt sich aus der Verfasstheit der aufnehmenden Vermögen beweisen: Denn das Gedächtnis variiert in Entsprechung zu ihren Unterschieden, was nicht der Fall wäre, wenn das Gedächtnis nicht als körperliche Einprägung verstanden würde. Wir sehen nämlich, dass denjenigen, deren körperliche Mischung in hohem Maße veränderlich und im Fluss ist, das Erinnern nicht leicht fällt, sei es wegen einer Krankheit (wie bei gewissen Apoplektikern, Paralytikern oder Lethargikern[220]), sei es wegen des Lebensalters (nämlich wegen der kindlichen Jugend

---

216 Vgl. oben, tr. 1 c. 1 (Ed. Colon. 7/2A), p. 113 v. 36–37, p. 114 v. 48–52; hier: S. 61, S. 63.

217 Zur Übersetzung von »species« vgl. oben, Anm. 67 zum Haupttext.

218 Vgl. oben, tr. 1 c. 2 (Ed. Colon. 7/2A), p. 116 v. 54–57; hier: S. 66.

219 ARISTOTELES, *De anima* II 12 (424 a 17–20). Vgl. ALBERTUS MAGNUS, *De anima* l. 2 tr. 4 c. 1 (Ed. Colon. 7/1), p. 149 v. 6–24.

220 Apoplektiker neigen zu Schlaganfällen, Paralytiker leiden an Lähmungen, und Lethargiker tendieren zu Schläfrigkeit bzw. Teilnahmslosigkeit.

[p. 121a] oder aus Altersschwäche): Bei Kindern gibt es ja einen Überfluss an wachstumsfördernder und wurzelhafter Feuchtigkeit (*humidum augens et radicale*);[221] bei Altersschwachen hingegen gibt es ein Übermaß an Feuchtigkeit, die nicht wachstumsförderlich ist (das ist das Phlegmatische). Deshalb halten sie das von der Sinneswahrnehmung Eingeprägte nicht gut fest, weil wegen des kalten Gehirns die Feuchtigkeit besonders im Kopf derjenigen vorherrscht, denen ein Übermaß von einer dieser Feuchtigkeiten innewohnt. Und das geschieht bei ihnen so, wie man sich vorstellt, dass die Gestalt und die Bewegung eines Siegels auf Wasser treffen; denn dann wird die Form des Siegels nicht behalten werden, obwohl sie leicht aufgenommen wird. Die besagte Feuchtigkeit ist nämlich in manchen wegen der Kälte in ihnen im Übermaß vorhanden, weil das Kalte die Feuchtigkeit hineinbringt. Dies geschieht bei ihnen wie bei verfallenen Gebäuden, bei denen wegen ihrer Modrigkeit keine Einprägung stattfindet; alles Modrige ist nämlich außen feucht und innen trocken. Manchmal entsteht wegen der Härte dessen, was jene Eigenschaft oder Affektion von der Sinneswahrnehmung aufnimmt, kein Vorstellungsbild, so dass es nur mit Schwierigkeit vom sinnlich Wahrnehmbaren eingeprägt wird. Aus den genannten Gründen wird bei sehr jungen Kindern, in denen das feuchte Lebensalter vorherrscht, und bei altersschwachen Greisen Vergesslichkeit bewirkt: bei den Kindern wegen des Feuchten, das vom Warmen in das Wachstum einfließt; bei den Älteren wegen der äußerlich benetzenden Feuchtigkeit (*humidum humectans*), die in den Verfall eingeht, so dass sie innerlich trocken und ausgeleert sind.

Bei anderen körperlichen Mischungen ist es aber ähnlich, insofern Menschen mit äußerst schneller Auffassungsgabe kein gutes Gedächtnis haben: Denn das Feuchte nimmt bei ihnen leicht auf, und das Warme bewegt viel. Das Warme regt nämlich Bilder an und bringt sie durcheinander; das Feuchte hält sie schlecht zurück, besonders wenn es ununterbrochen von der Wärme bewegt wird. In ähnlicher Weise nehmen die äußerst Begriffsstutzigen nichts leicht auf, und deshalb fehlen ihnen die Bilder, so dass sie nicht zum Erinnern gebracht werden. Denn Menschen mit schneller Auffassungsgabe sind feuchter, als sie es für ein gutes Gedächtnis benötigen, während die Begriffsstutzigen weniger Feuchtigkeit haben, als es für die Aufnahme von Bildern erforderlich ist. Bei manchen, z. B. bei den zu Feuchten, verbleibt der Vorstellungsgehalt

---

221 Hier und nachfolgend wird zwischen zwei Arten von Feuchtem, *humidum augens* und *humidum humectans*, unterschieden: Ersteres ist eine das Wachstum in Lebewesen fördernde Form von Feuchtigkeit, während das zweite nur äußerlich befeuchtet. Vgl. zu dieser Unterscheidung ausführlicher: ALBERTUS MAGNUS, *De iuventute et senectute* tr. 1 c. 2 (Ed. Paris. 9), p. 307a-b.

nämlich nicht in der Seele; in anderen hingegen, wie den Trockenen, findet keine Einprägung aus dem Vorstellungsgehalt statt. [p. 121b]

Wenn aber etwas Hinzukommendes dieser Art, nämlich die von der Sinneswahrnehmung eingedrückte Form, sich beim Gedächtnis befindet, dann wird zu Recht gefragt, ob diese in der Seele gegenwärtige Affektion das Erinnern zur Vollendung bringt oder jenes sinnlich Wahrnehmbare, von dem her diese Affektion zuerst in der Sinneswahrnehmung entstanden ist. Wenn nämlich das als Gedächtnisgegenstand angenommen würde, was in der Seele gegenwärtig ist, dann wird sich das Gedächtnis an nichts von allem erinnern: Denn von den gegenwärtigen Sachen haben wir andere Auffassungen, wie den Gemeinsinn, die Vorstellung und andere Vermögen dieser Art, so dass wir zu nichts von all dem, was gegenwärtig ist, das Gedächtnis benötigen. Wenn aber dasjenige als Gedächtnisgegenstand bezeichnet wird, was abwesend ist und sich in das Vergangene verwandelt hat, dann werden wir uns an das erinnern, wovon wir Wissen haben, das wir aber trotzdem nicht als Gegenwärtiges wahrnehmen. Das allerdings scheint nicht der Fall zu sein: Denn da das Gedächtnis eine der passiven Kräfte der sinnlichen Seele ist, kann es nur durch einen in ihm gegenwärtigen Gehalt in Aktivität versetzt werden, ebenso wie der Gesichtssinn, die Einbildungskraft und die anderen passiven Vermögen. Es scheint sich also nicht auf irgendetwas Abwesendes zu beziehen, insofern es ein Auffassungsvermögen ist, das durch das Aufgefasste in Tätigkeit versetzt wird.

Wenn behauptet wird, dass das, was im Gedächtnis ist, dem Bild oder der Gestalt ähnlich ist, welche die sinnlich wahrnehmbare Sache dort eingeprägt hat, dann scheint sich die Sinneswahrnehmung auf dasselbe zu beziehen, weil der [äußere] Sinn das Erste ist, in welchen das sinnlich Wahrnehmbare sein Bild und seine Gestalt einzeichnet. Also muss sich das Gedächtnis auf etwas anderes beziehen, weil wir oben gezeigt haben, dass die Sinneswahrnehmung nicht das Gedächtnis ist.[222] Würde aber angenommen, dass es [scil. das Gedächtnis] sich auf etwas Gegenwärtiges bezieht, dann wird der mit dem Gedächtnis Tätige, wenn er diese Affektion als gegenwärtig erinnert, sie entweder geistig betrachten (wenn sie vom Geist stammt) oder sinnlich wahrnehmen (wenn sie vom sinnlich Wahrnehmbaren her einsetzt). Aber beides ist ungereimt, denn dann wäre das Gedächtnis entweder nicht von der Sinneswahrnehmung oder nicht vom Geist unterschieden. Das Gedächtnis bezieht sich also nicht auf das Gegenwärtige, insofern es gegenwärtig ist. Wir wollen deshalb prüfen, auf welche Weise das nicht Gegenwärtige erinnert werden kann, wenn gemäß dem [gerade] Gesagten jedes passive Vermögen nur

---

222 Vgl. oben, tr. 1 c. 2 (Ed. Colon. 7/2A), p. 116 v. 23–60; hier: S. 65 f.

durch irgendeinen ihm gegenwärtigen Gehalt aktiviert zu werden vermag.
Würde nämlich gesagt, dass das Gedächtnis durch etwas nicht Gegenwärtiges
aktiviert werden kann, dann müsste dasselbe Prinzip für alle anderen passiven
Vermögen gelten; [p. 122a] und dann würde es auch in der Sinneswahrnehmung auftreten, so dass man etwas nicht Gegenwärtiges sehen könnte, etwas
nicht Gegenwärtiges hören könnte, usw.

Um den angeführten Zweifel aufzulösen, sagen wir also, dass es sich in
solchen Fällen so wie beim nicht-Notwendigen (*contingens*) und Hinzukommenden in Bezug auf etwas verhält. Was sich nämlich wie ein Gehalt und ein
Bild auf nicht-notwendige und hinzukommende Weise im Gedächtnis befindet, kann auf verschiedene Arten aufgefasst werden. Das lässt sich wie folgt
erläutern: Ein auf einer Tafel gemaltes Tier ist gewiss ein gemaltes Tier, und
es ist [zugleich] ein Bild, das dasjenige nachahmt, was es gegenwärtig macht.
Als Substanz ist es sicher ein und dasselbe, aber gemäß seinem Sein ist es
nicht ein und dasselbe: Denn auf die erste Weise wird es absolut aufgefasst
und auf die zweite Weise in Vergleich mit einem anderen. Man kann es
sowohl als gemaltes Tier betrachten als auch als vergegenwärtigtes Bild, und
so muss man auch einen in uns entstandenen Vorstellungsgehalt (*phantasma*)
aufspalten. Wir haben nämlich im Buch *Über die Seele* ausgeführt, dass es zwei
seelische Formen gibt: die der Trennung und die der Zusammenfügung.[223]
Die [Formen] der Trennung stammen zwar von der Sache, treten aber losgelöst [von ihr] in der Seele auf. Die Formen der Zusammenfügung hingegen
sind auf die Sache bezogen, auf die sie angewendet werden. So ist es nun
auch beim Vorstellungsgehalt: Wenn wir diesen so auffassen, wie er getrennt
in der Seele ruht und uns eine Kenntnis vom Gegenstand verschafft, dann ist
er ein gegenwärtiger Vorstellungsgehalt in der Seele; von diesem geht der
Geist aus, wenn er [scil. der Vorstellungsgehalt] den Geist in Möglichkeit
anstößt. Wenn er aber auf die Sache, von der her er empfangen worden ist,
durch ihre Eigenschaften bezogen wird, dann wird er als Bild (*imago*) sozusagen Abbild (*imitago*)[224] genannt und vollendet auf diese Weise das Gedächtnis. Obwohl er also in ihr [scil. der Seele] gegenwärtig ist, bezieht sich das
Gedächtnis auf das Vergangene und nicht auf das Gegenwärtige: Denn er wird
nicht als etwas Getrenntes aufgefasst, sondern in seinem Bezug auf ein Anderes,
das vergangen ist; und dadurch vollendet er das Gedächtnis, insofern dieses ein
passives Vermögen ist. So sagen wir, dass es sowohl zum Vorstellungsgehalt

---

223 ALBERTUS MAGNUS, *De anima* l. 3 tr. 4 c. 4 (Ed. Colon. 7/1), p. 233 v. 29–42.
224 Vgl. hierzu die Anmerkung von ZIOLKOWSKI 2002, 134 nt. 4, der darauf hinweist, dass
   imitago nach Auskunft des *Dictionary of Medieval Latin from British Sources* (Oxford 1975 ff.)
   im späteren Latein als etymologische Glosse zu *imago* aufgefasst wurde.

gehört, an sich als Gegenstand der Betrachtung angenommen zu werden, als auch, ihn so zu betrachten, insofern er sich auf etwas anderes bezieht: Gemäß seiner selbst nennen wir ihn eine Art Betrachtung oder Vorstellungsgehalt; insofern er sich aber auf etwas anderes richtet, so wird er Bild oder Erinnerung genannt, weil er als Bild das Erinnern vollendet. [p. 122b]

Wenn also die Bewegung des Vorstellungsgehaltes auf die Seele einwirkt, insofern er getrennt für sich betrachtet wird, so vollendet sie die innere oder äußere Sinneswahrnehmung der Seele. Und wenn sie auf diese Weise in den abstraktiven Vermögen voranschreitet, dann entsteht aus der Vorstellungskraft gleichsam eine geistige Erkenntnis, die aus dem Vorstellungsgehalt aufgenommen wird. Aber sofern er [scil. der Vorstellungsgehalt] das Bild eines anderen ist, betrachtet man ihn als etwas Relationales, eben wie ein Bild. Ein Beispiel hierfür ist das folgende: Wir wollen sagen, dass die Seele Sokrates, den Sohn Dions, der Barbier war, nicht nur gemäß seiner selbst betrachtet, sondern auch als Bild des Barbiers; aber auf beide Weisen betrachtet sie einen Barbier. Daher geht die eine Affektion aus der Betrachtung hervor, bei der sie das Bild des Barbiers [als Abbild] betrachtet, und eine andere, wenn sie ihn getrennt betrachtet, wie das auf die Tafel gemalte Tier. Dieses [letztere] nämlich tritt in der Seele nur wie eine durch Abstraktion gewonnene geistige Erkenntnis auf, und hier wird die von der Sache in der Seele bewirkte Form der Trennung in ihrer Bewegung vollendet. Eine andere Betrachtung liegt dort vor, wo er [scil. der Vorstellungsgehalt] nicht wie ein Gemälde, sondern wie ein [Ab-]Bild und eine gewisse Erinnerung betrachtet wird; denn so beginnt mit ihm die Rückwendung auf die frühere Sache, indem man sich seiner als Form der Zusammenfügung für die Sache bedient, deren Form er ist.

Daher stammt also der Anlass für den zuvor angeführten Zweifel: Wenn solche Bewegungen der Vorstellungsgehalte in der Seele entstehen, wissen wir aufgrund dieser doppelten Betrachtungsweise nicht, ob sie uns von dem her zukommen, was wir zuvor sinnlich wahrgenommen haben (und dessen Bild diese Bewegung ist), oder von dem her, was wir als gegenwärtiges Vorstellungsbild wahrnehmen. ›Bewegung‹ nenne ich aber gemäß der Lehre aus dem zweiten Buch *Über die Seele* die Form, die in irgendeine seelische Kraft durch Veränderung eingeprägt wird.[225] Daher stammt ferner ein Grund dafür, dass wir nicht wissen, ob eine solche Tätigkeit der Seele nun Gedächtnis ist oder nicht. Zuweilen erkennen und wissen wir um unser (Wieder-)Erinnern, insofern wir sicher wissen, dass wir uns an etwas (wieder-)erinnern;[226]

---

225 ALBERTUS MAGNUS, *De anima* l. 3 tr. 1 c. 8 (Ed. Colon. 7/1), p. 175 v. 23–36.

226 An einigen Stellen gebraucht Albert in Abweichung vom Originaltext gedoppelte Formulierungen wie »*reminisci et memorari*«, wo aber oft inhaltlich eigentlich nur eines von

dies gilt, wenn wir etwas betrachten und es auf das beziehen, was wir zuvor gehört haben, insofern wir jenes zuvor gehört haben. Das geschieht, wenn jemand [p. 123a] etwas wie in der Substanz Identisches betrachtet und es dem Gedächtnis überantwortet, wo er es wie ein anderes Seiendes ansieht, nämlich in seinem Sein als Bild, wie wir oben schon dargelegt haben. Manchmal aber geht die Betrachtung in die entgegengesetzte Richtung, wenn wir die von der Sache in der Seele bewirkte Form absolut betrachten und sie nicht auf die Sache beziehen, deren Bild sie ist. Diese Bewegungen sind in ihren Zielpunkten einander entgegengesetzt, denn die eine geht von der Sache zur Seele, die andere hingegen von der Seele zu einer äußeren Sache, die in der Vergangenheit gehört, gesehen oder auf andere Weise wahrgenommen worden ist. Etwas Ähnliches findet sich in einem konkaven Spiegel, der einen kugelförmigen Spiegel umfasst, insofern in ihm die in einen Teil eingeprägte Form auf den anderen projiziert wird und dann vom anderen auf den ersten zurückprojiziert wird. Vergleichbar ist es aber auch mit zwei oder mehreren verschiedenen Spiegeln, die voneinander entfernt stehen. Denn die älteren [Philosophen] sagten, dass alles in ihnen [scil. den Spiegeln] Erscheinende sowohl als etwas Absolutes auftritt als auch [p. 123b] als etwas, das dem ähnelt, wodurch man zur Erinnerung gelangt: Dies geschieht aber, wie wir ausgeführt haben, wenn jemand das Bild wie ein Bild betrachtet.

Ein Beweis für das Gesagte ist aber, dass Meditationen das Gedächtnis stärken. Meditieren ist ja nichts anderes als die wiederholte Betrachtung desselben, und zwar als Bild der vergangenen Sache und nicht an sich. Also hebt auch das Gedächtnis mit dem an, was in ihm wie ein Bild und nicht an sich ist.

So ist also von uns zur Darstellung gebracht worden, was das Gedächtnis und das Erinnern ist: Es wurde nachgewiesen, dass sich das Gedächtnis an sich auf einen Vorstellungsgehalt bezieht, aber nicht auf einen absoluten Vorstellungsgehalt, sondern insofern er ein Bild ist. Und es ist dargelegt worden, dass es ein Zustand dessen ist, von dem es einen auf die zuvor dargestellte Weise betrachteten Vorstellungsgehalt gibt. Es wurde auch ausgeführt, zu welchem der uns innewohnenden Seelenteile es gehört. Und es wurde gesagt, dass es zum ersten tätig Wahrnehmenden gehört, mit dem wir die Zeit wahrnehmen. [p. 124a]

---

beiden Phänomenen gemeint sein kann. Um die sprachliche Doppelung im Deutschen zu vermeiden, habe ich in diesen Fällen »(wieder-)erinnern« als Übersetzung gewählt. So verfahre ich auch bei *rememorari*; s. o., Anm. 215.

Zweiter Traktat des Buchs *Über Gedächtnis und Wiedererinnerung*

Kap. 1. Erläuternder Exkurs über die Meinung der Peripatetiker zur Wiedererinnerung

In der anstehenden Behandlung der Wiedererinnerung haben wir uns entschieden, nicht dem allgemein Gesagten zu folgen, sondern den Peripatetikern, wie wir es schon in der Besprechung des Gedächtnisses getan haben. Wir werden also zuerst die Lehren von Averroes, Avicenna, Alexander [von Aphrodisias], Themistius und al-Fārābī bestimmen, die alle übereinstimmend sagen, dass die Wiedererinnerung nichts anderes ist als das Forschen nach dem Vergessenen mittels des Gedächtnisses.[227] Man darf also denjenigen keinen Glauben schenken, die behaupten, dass die Wiedererinnerung an sich ein Teil der Geistseele sei.[228] Die zuvor angeführten Philosophen überliefern nämlich, dass zum Wiedererinnern dreierlei erforderlich ist:[229] Das Erste ist die Vergegenwärtigung des Bildes als Bild; und dies geschieht nur mittels des Gedächtnisses, das von einem Vorstellungsgehalt aus sich beginnt (wenn auch beiläufig vom Geist her, wie wir im Vorangegangenen erläutert haben[230]). Das Zweite aber ist die Beschreibung der Gestalt und deren Anpassung; und das geschieht durch die einbildende Kraft (*imaginativa*), welche die Gestalten vereinigt und anpasst. Deshalb liegt ein großer Teil der Kraft der Wiedererinnerung in einem guten Einbildungs- oder Vorstellungsvermögen. Das Dritte ist das, was die Araber die unterscheidende Kraft (*disctinctiva*) nennen. Sie fügt alle diese [Gestalten] zusammen und passt sie auf alle möglichen Weisen der Sache an: durch das Ähnliche oder durch das Entgegengesetzte, durch den Ort, durch die Zeit und auf andere Arten, [p. 124b] so dass das Gesuchte, das in Vergessenheit geraten ist, hervorgerufen wird, wie wir unten zeigen werden.[231] Und allein in Bezug hierauf kommt die Wiedererinnerung ausschließlich den rationalen Wesen zu.

Hieraus ist also offensichtlich, dass der Prozess der Wiedererinnerung wie eine unterbrochene und vervielfältigte Bewegung ist. Er ist unterbrochen, weil er sich nicht durchgängig durch die gleiche Form auf die Sache zurückwendet, insofern jene entweder ganz oder teilweise in Vergessenheit geraten

---

227 Vgl. AVERROES, *De memoria et reminiscentia* (CCAA 7), p. 48 v. 19 – p. 49 v. 30; AVICENNA, *Liber de anima* IV 3, ed. Van Riet, p. 40 v. 61–62.
228 Welche Zeitgenossen Albert hier genau im Blick hatte, ist nicht sicher zu entscheiden. Vgl. die von Silvia Donati gesammelten Stellen im Quellenapparat der Ed. Colon. 7/2A zu p. 124 v. 11–12 (u. a. mit Verweisen auf Adam Anglicus und Robert Kilwardby).
229 Vgl. zum Folgenden: AVERROES, *De memoria et reminiscentia* (CCAA 7), p. 60 v. 7 – p. 61 v. 16.
230 Vgl. oben, tr. 1 c. 3 (Ed. Colon. 7/2A), p. 118 v. 36–58; hier: S. 68 f.
231 Vgl. unten, tr. 2 c. 3 (Ed. Colon. 7/2A), p. 128 v. 51 – p. 129 v. 7; hier: S. 84.

ist. Vielgestaltig ist er aber, weil er aus zahlreichen Formen entsteht, die aus Ähnlichem, aus Vorangehendem, aus Folgendem, aus örtlichen Bestimmungen oder aus Unterscheidungen stammen und die der durch die Wiedererinnerung gesuchten Sache zukommen. Deshalb sagen die oben angeführten Philosophen, dass das Gedächtnis eine höhere Würde besitze als die Wiedererinnerung, so wie eine ununterbrochene und eingestaltige Bewegung eine höhere Würde hat als eine unterbrochene und vielgestaltige Bewegung.[232]

Einige führen aber etwas Wunderliches an:[233] Sie sagen, dass Aristoteles von einem älteren Mann gesprochen habe, der eine solche Lebhaftigkeit in der Vereinigung und Zusammenfügung von Bildern sowie in seinem geistigen Vermögen, das eine vom anderen zu unterscheiden und das eine mit dem anderem gemäß der Eigenheit der Sache zusammenzufügen, besessen habe, dass er in den wirklichen Formen der Sachen dasjenige rekonstruierte, was er vorher bloß mit seinen Ohren gehört hatte. Und das hätte nicht sein können, wenn nicht zweifelsfrei aus jenen Formen selbst die Sachen sinnlich wahrgenommen würden. Auf diese Weise beschreibt jemand einen Elefanten auf wahre und zutreffende Weise, der nie einen Elefanten oder ein Gemälde von ihm gesehen, sondern bloß von ihm gehört hat. [p. 125a] Deshalb ist auch nicht verwunderlich, dass das Vergessene aber zuvor Gewusste durch die Verbindung solcher Bilder wiederum zur Seele zurückkehrt.

Du musst aber Folgendes wissen: Insofern die drei vorher ausgeführten Momente an der Wiedererinnerung mitwirken, kann das eine aus dem anderen heraus beschädigt werden. Das Grundprinzip hierbei ist, dass das, was körperlicher ist, immer das, was unkörperlicher ist, beschädigt und beim Wiedererinnern behindert. Ein verletzter Gemeinsinn beschädigt die Vorstellungskraft (und nicht umgekehrt); die Vorstellungskraft beschädigt das Gedächtnis (und nicht umgekehrt); und ein beschädigtes Gedächtnis beschädigt den unterscheidenden Geist (und nicht umgekehrt). Deshalb machen wir zuweilen einen guten Gebrauch vom Bild als Bild, und wenden uns in der Zuschreibung [scil. ihrer Eigenschaften] klar und deutlich auf die Sachen zurück – und dennoch gelingt es uns nicht, uns in der Zusammenfügung der Bilder dessen, was mit der von uns gesuchten Sache in Verbindung gestanden hat, an das Intendierte wiederzuerinnern, und zwar weil die Vorstellungskraft oder der Gemeinsinn beschädigt ist.

Aus diesem Grund ziehen sich diejenigen, die sich gut wiedererinnern möchten, aus dem Licht der Öffentlichkeit zurück und verschwinden in der Abdunkelung des Privaten. Denn im Licht des öffentlichen Raums werden

---

232 AVERROES, *De memoria et reminiscentia* (CCAA 7), p. 65 v. 63–65.
233 Vgl. *ebd.*, p. 62 v. 31 – p. 63 v. 27.

die Bilder des sinnlich Wahrnehmbaren zerstreut, und ihre Bewegungen vermischen sich miteinander; im Dunklen hingegen werden sie zusammengefügt und bewegen sich geordnet. Darum empfiehlt Cicero im Rahmen der Gedächtniskunst (*ars memorandi*), die er im zweiten Buch seiner *Rhetorik* entfaltet, dass wir zur Bildung unserer Vorstellungen dunkle Orte aufsuchen sollen, an denen es wenig Licht gibt.[234] Da die Wiedererinnerung viele Bilder und nicht ein einziges aufsucht, rät er dazu, dass wir das, was wir speichern und wiedererinnern wollen, in vielen ähnlichen Gestalten festhalten und diese Gestalten miteinander verbinden.[235] Ein Beispiel:[236] Wenn wir uns an jemand zurückerinnern wollen, der uns in einem Gerichtsverfahren gegenübersteht, werden wir uns im Dunklen einen Widder mit großen Hörnern und großen Hoden vorstellen, der auf uns zuläuft. Die Hörner werden nämlich zur Rückerinnerung an den Widersacher führen, [p. 125b] und die Hoden werden zu den Aussagen der Zeugen führen. Auf diese Weise muss man also die Wiedererinnerung (*reminiscentia*) verstehen, die viele Peripatetiker Rückerinnerung (*recordatio*) nennen;[237] und demgemäß sollten wir die Worte des Aristoteles interpretieren, welcher der Urheber der Peripatetiker ist.

Kap. 2. Über die Wiedererinnerung laut Aristoteles: Worin kommt sie mit dem Gedächtnis überein, und worin unterscheidet sie sich von ihm sowie von den anderen Vermögen, Zuständen und Affektionen der Seele?

Stellen wir also fest, dass von dem, was wir der aristotelischen Lehre gemäß über das Gedächtnis gesagt haben, übrig ist, nun über die Wiedererinnerung zu sprechen, die mit einem anderen Namen von unterschiedlichen Philosophen als Rückerinnerung bezeichnet wird. Wir müssen aber zuerst fest- und voraussetzen, dass alles, was gemäß der begrifflichen Argumentation richtig ist, mit der Wiedererinnerung übereinstimmt; daraus können wir dann ihre Gemeinsamkeiten und Unterschiede zu anderen Kräften, Zuständen und Affektionen der Seele ableiten. Wir sagen also, dass das Empfangen des Gedächtnisses nicht einfach dasselbe ist wie die Wiedererinnerung. Denn wie

---

234 Ps.-Cicero, *Ad Herennium libri quattuor de ratione dicendi* l. 3 c. 19 § 32, ed. Caplan, p. 212.

235 *Ebd.*, l. 3 c. 20 § 34, ed. Caplan, p. 212–214.

236 Zum Verständnis dieses etwas kryptisch anmutenden Beispiels vgl. Yates 1990, 67 f., sowie – mit plausiblerer Deutung – Carruthers 2008, 178 u. 416. Siehe auch die inhaltliche Parallele in Alberts Diskussion der rhetorischen Mnemotechnik in *De bono* tr. 4 q. 2 a. 2 (Ed. Colon. 28), p. 248 v. 2–22 (hierzu auch: Carruthers 2008, 174).

237 Vgl. z. B. Avicenna, *Liber de anima* IV 3, ed. Van Riet, p. 40 v. 61–63, p. 41 v. 69–85.

wir schon gesagt haben,[238] ist das Gedächtnis eine ununterbrochene und eingestaltige Bewegung zur Sache hin, die Wiedererinnerung hingegen ist durch das Vergessen sozusagen abgeschnitten und unterbrochen; und sie ist auch nicht eingestaltig, sondern wird von vielen Prinzipien verursacht, die mit dem in Verbindung stehen, worauf sich die Wiedererinnerung eigentlich richtet. Ebensowenig ist die Wiedererinnerung in ihrem Akt eine einfache Aufnahme von etwas. Eine einfache Aufnahme liegt dann vor, wenn jemand etwas zum ersten Mal im Geist oder in der sinnlichen Erkenntnis erlernt oder erfährt. Alle jene Vermögen werden nämlich durch Affektionen vollendet, [p. 126a] insofern sie passiv sind. Wenn man aber etwas auf diese Weise aufnimmt, empfängt man keinen Gedächtnisgehalt, weil zuvor keine solche Aufnahme stattgefunden hat; und man erhält auch keine Kenntnis aus einem Prinzip heraus, das schon vorher da gewesen wäre, sondern es entsteht dann erst in der Seele. Und das ist der Vorstellungsgehalt, von dem die geistige Erkenntnis ausgeht, und nicht das Gedächtnis, wie aus dem vorher Gesagten leicht zu beweisen ist.[239] Wenn allerdings in der Vergangenheit schon ein Zustand und eine Affektion bewirkt worden sind, dann ereignet sich ein Gedächtnisakt; denn so nutzt man das Bild als Bild, wovon keine geistige Erkenntnis ausgeht, sondern eher eine Rückwendung auf die zuvor gesehene oder gehörte Sache. Wenn also eine solche Affektion noch nicht in der Vergangenheit bewirkt worden ist, gibt es auch kein Gedächtnis – und folglich auch keine Wiedererinnerung, weil die Wiedererinnerung nicht ohne Gedächtnistätigkeit stattfindet, wie aus dem zuvor Angeführten deutlich ist.[240]

Ferner: Die Affektion des Lernens wird zuerst im letzten individuellen [Teil] bewirkt, d. h. in dem letzten, das die Formen individuiert (und das ist der mit der Vorstellungskraft vereinte Geist, weil jenes das letzte Individuierende darstellt). Dann ist ein Wissen in ihm, wie in dem ursprünglich Affizierten – sofern man solche Affektionen oder Zustände Wissen nennen kann; denn Wissen solcher Art ist ja in Wirklichkeit weder eine Affektion noch ein Zustand, durch den der Geist bewegt würde (wie aus dem deutlich wird, was im Buch *Über die Seele* bestimmt worden ist[241]). Das Gedächtnis ist aber nichts Derartiges. Denn auch wenn es sich beiläufig auf geistig Erkennbares bezieht – wie wir es im vorangehenden Traktat gezeigt haben[242] –, bezieht es sich auf dasjenige Gewusste, was [p. 126b] wir schon vorher wissen. Das Gedächtnis an sich

238 Vgl. oben, tr. 2 c. 1 (Ed. Colon. 7/2A), p. 124 v. 29–39; hier: S. 77f.
239 Vgl. oben, tr. 1 c. 4 (Ed. Colon. 7/2A), p. 122 v. 19–23; hier: S. 74.
240 Vgl. oben, tr. 2 c. 1 (Ed. Colon. 7/2A), p. 124 v. 14–17; hier: S. 77.
241 ARISTOTELES, *De anima* III 3 (428 a 16–24).
242 Vgl. oben, tr. 1 c. 3 (Ed. Colon. 7/2A), p. 118 v. 45–58; hier: S. 69.

hat es allerdings nicht mit geistig Erkennbarem zu tun, weil das an sich Erkennbare von jeder zeitlichen Differenz losgelöst ist. An sich erinnert man sich an das, was man zuvor gehört oder gesehen hat; und man erinnert sich nicht an das, was nun geschieht, sondern eher an das, was einem schon vorher in der Sinneswahrnehmung oder im Geist widerfahren ist. Daraus lässt sich, wie gesagt, ableiten: Wenn das Gedächtnis keine gegenwärtige Aufnahme von Wissen ist, dann richtet sich auch die Wiedererinnerung nicht auf das gegenwärtig Aufgenommene.

Weiterhin ist aber aus allem oben schon Gesagten Folgendes offensichtlich: Jemand, der sich wiedererinnert, erinnert sich nicht jetzt bezüglich der gegenwärtigen Zeit; vielmehr widerfährt es ihm, dass er aus dem Prinzip der vergangenen Zeit vor diesem Jetztpunkt etwas gewusst oder erlernt hat. Dieses Erinnern erfolgt, wenn er das Wissen oder die Sinneswahrnehmung aufnimmt, die er zuvor hatte, und zwar unter einer bestimmten Zeitdifferenz in der Vergangenheit. Das ist nämlich Gedächtnis: ein solches in der Vergangenheit Gewusstes oder durch die Sinneswahrnehmung Empfangenes, dessen Zustand wir zuweilen Gedächtnis genannt haben.[243] Wenn man dann nach einer unterbrochenen Bewegung das Wissen oder die Sinneswahrnehmung, die man früher gehabt hat, wiederholt aufnimmt, und die wiederholte Aufnahme von Wissen oder Sinneswahrnehmung zur Wiedererinnerung erforderlich ist – dann steht fest, dass das Wiedererinnern etwas von dem Gesagten ist oder sich auf etwas davon bezieht. Es steht außer Zweifel, dass es sich auf das Gedächtnis bezieht, wie wir es im ersten Kapitel dieses Traktats gezeigt haben.[244] Weil nämlich [p. 127a] die Bewegung unterbrochen ist, muss das Erinnern oder Wiedererinnern als ein Nachforschen vorausgehen, und das Gedächtnis folgt, nachdem das Gesuchte gefunden worden ist; dann nämlich findet eine unuterbrochene Bewegung zum Gesuchten hin statt. Deshalb ist die Wiedererinnerung nicht einfach eine wiederholte Aufnahme von bereits zuvor empfangenen Gehalten. Wenn solche [Gehalte] nämlich intakt wären und erneut in der Bewegung der Rückwendung auf die Sachen aufgenommen würden, dann wäre es keine Wiedererinnerung, sondern Gedächtnis, insofern es sich um eine ununterbrochene und eingestaltige Bewegung handelte. Aber auf eine gewisse Weise sind diese [Gehalte] eine Wiedererinnerung, auf eine andere Weise nicht. Beim Wiedererinnern muss man nämlich dasselbe zweimal lernen und als Unbekanntes finden: zuerst sicherlich durch ein Forschen mittels Belehrung oder Entdeckung, wenn man das

243 ARISTOTELES, *DMR* 1 (449 b 24–25); vgl. auch oben, tr. 1 c. 2 (Ed. Colon. 7/2A), p. 116 v. 54–57; hier: S. 66.
244 Vgl. oben, tr. 2 c. 1 (Ed. Colon. 7/2A), p. 124 v. 14–39; hier: S. 77 f.

Wissen zum ersten Mal aufnimmt; als zweites durch das Gedächtnis, wenn
man das Vergessene erneut findet, indem man auf die Bilder der Sachen
zurückgreift, die mit ihm in Verbindung stehen, so wie wir oben dargelegt
haben.[245] Deshalb ist das Wiedererinnern von dem Gesagten zu unterscheiden, also von der Aufnahme von Wissen und vom Gedächtnis. Und es ist zu
sagen, dass das Wiedererinnern ein vielseitigeres Prinzip ist als das, woraus
wir etwas zuerst lernen: Denn das Wiedererinnern ist das Prinzip für viele
zuvor erworbene Gedächtnisinhalte, für welche die einfache Aufnahme des
Wissens kein Prinzip darstellt.

Kap. 3. Über die Weise und die Kunstfertigkeit des Wiedererinnerns

Um die Weise und die Kunstfertigkeit des Wiedererinnerns zu überliefern,
wollen wir einiges von dem wiederholen, was wir gesagt haben. Dazu gehört,
dass wir oben die Wiedererinnerung als nichts anderes als das Forschen nach
dem Vergessenen mittels des Gedächtnisses bestimmt haben.[246] Deshalb unterscheidet sie sich von der wiederholten Aufnahme des Wissens, die nicht
durch das Gedächtnis stattfindet, sowie vom Gedächtnis selbst, insofern dieses
eine ununterbrochene Bewegung zum zuvor Aufgenommenen darstellt; und
sie unterscheidet sich von der Meditation, die eine häufige Betätigung des
Gedächtnisses ist. Da die Wiedererinnerung nach den Ausführungen der Peripatetiker so beschaffen ist, muss sie immer bei etwas anfangen, was schon
seit längerer Zeit in uns vorhanden ist und das sich in geordneter Weise auf
die Sache bezieht, die wir suchen. Eine Ordnung kann sie [scil. die Wieder-
erinnerung] aber nur haben, wenn es ein Prinzip der Schlussfolgerung gibt,
die zumindest durch Wahrscheinlichkeit oder mit Notwendigkeit zu jenem
[Gesuchten] führt. Diese Ordnung besteht entweder auf Seiten desjenigen,
der sich wiedererinnert, oder auf Seiten der wiedererinnerten Sache. Wenn
sie auf Seiten des Wiedererinnernden besteht, dann handelt es sich um die
Gewohnheit, denn die Gewohnheit stellt eine mächtige Kraft dar. Das lässt
sich wie folgt beweisen: Wenn wir uns daran gewöhnt haben, etwas in einer
Ordnung auszusprechen, [p. 128a] dann taucht das Zweite sogar ohne unsere Aufmerksamkeit auf, sobald das Erste gesagt worden ist. Wenn sie [die
Ordnung] aber auf Seiten der wiedererinnerten Sache besteht, dann wird sie
entweder eine Ordnung der Notwendigkeit oder der Wahrscheinlichkeit sein.
Falls es sich um eine Ordnung der Notwendigkeit handelt, dann wird man

---

245 Vgl. *ebd.*, p. 124 v. 18–21, v. 33–36; hier: S. 77f.
246 Vgl. *ebd.*, p. 124 v. 10–11; hier: S. 77.

aus dem ersten [Glied] sofort zum Gesuchten kommen. Wenn es aber eine Ordnung der Wahrscheinlichkeit ist, wird sie entweder auf dialektische Art in vielen Fällen zutreffen oder auf rhetorische Weise; und dann erfolgt die Auffindung der Sache mittels der Wiedererinnerung aus allem heraus, was der Sache auf irgendeine Weise zukommt oder auf sie bezogen ist.

Nachdem dies vorausgesetzt ist, wollen wir in Übereinstimmung mit Aristoteles sagen, dass alle Akte der Wiedererinnerung sich bei jedem Menschen auf diese Weise ereignen. Die Bewegung des Wiedererinnerns ist natürlicherweise darauf angelegt, im Anschluss an eine andere Bewegung zu erfolgen; das ist das Gedächtnis bezüglich eines zuvor Aufgenommenen, welches auf eine der dargestellten Arten das Prinzip der Schlusskette zur Ableitung des Gesuchten bildet. Wir erinnern uns nämlich wieder an das, was wir an sich vergessen haben, doch an dessen Prinzip erinnern wir uns durch das Gedächtnis zurück. Falls es also zwischen diesen beiden eine Ordnung aus Notwendigkeit gibt und jemand von derjenigen Bewegung erfasst wird, welche die Erinnerung an das Prinzip als Prinzip bildet, dann wird er offenkundig auch von der Bewegung der Wiedererinnerung erfasst werden und wird das Gesuchte notwendigerweise finden. Dies ist die leichte Art des Wiedererinnerns. Aber natürlich wird man beim Wiedererinnern nicht immer mit Notwendigkeit bewegt, insofern der sich Wiedererinnernde nicht immer von einer solchen Ordnung Gebrauch macht; vielmehr wird er regelmäßig und in vielen Fällen aus Gewohnheit bewegt werden. Aus dem angeführten Grund bilden nämlich diejenigen Gehalte, die nicht der Sache gemäß aufeinander folgen, aufgrund der Gewohnheit Folgeglieder in den Bewegungen der Seele.

Es kommt vor, dass wir uns an manche Bewegungen, von denen wir nur einmal Gebrauch gemacht haben, schneller erinnern als an andere, die vielfach in uns hervorgerufen worden sind. Dafür gibt es einen doppelten Grund. Einer davon ist das Lebensalter, [p. 128b] insofern sie [die Bewegung] auf eine weniger beschäftigte Seele trifft, so dass selbst eine kleine Bewegung in ihr einen tiefen Eindruck hinterlässt. Und allein aus diesem Grund hält die Wiedererinnerung bei Kindern länger vor. Der andere Grund ist hingegen die Verfasstheit der Sache, welche die Seele bewegt, und zwar in zweifacher Form: nämlich als heftige Lustempfindung und als heftige Abscheu. Diese [Bewegungen] dringen nämlich tief in die Seele ein und halten lange an. Wie Cicero lehrt, erinnern wir uns aus diesen Gründen an manches, was wir nur ein einziges Mal sehen, länger als an das, was wir vielfach gesehen oder erkannt haben.[247] Wenn das so ist, wird in ähnlicher Weise die Gewohnheit

---

247 Ps.-Cicero, *Ad Herennium libri quattuor de ratione dicendi* l. 3 c. 21–22 § 35–37, ed. Caplan, p. 218–220.

durch die Häufigkeit ihrer Beanspruchung eine tiefgehende Bewegung in der
Seele bewirken und lange anhalten. Wenn wir uns wiedererinnern, dann
werden wir zuerst gemäß einer der früheren und uns vor längerer Zeit ein-
geprägten Bewegungen in Tätigkeit versetzt. Wir wollen jene Bewegungen
insofern [haben], als jener Prozess angestoßen wird und das berührt wird,
demgemäß jenes zu folgen pflegt, was wir suchen. ›Bewegung‹ (*motus*) nennen
wir aber hier die durch die Bewegung eingeprägte Form, so wie wir Bewegung auch andernorts aufgefasst haben.[248] Deshalb kümmern wir uns darum
und strengen uns an, um das dem Gesuchten in der Ordnung Nächstliegende
einzusehen, statt uns auf irgendetwas zu konzentrieren, was keinerlei Hinord-
nung auf das Gesuchte hat, weder bei uns noch von der Sache aus. Wir
bemühen uns also angestrengt darum, jenes von allem her einzusehen, was
als Prinzip einer zu ihm führenden Schlusskette fungieren kann. Darum beginnen wir manchmal mit dem Ähnlichen, manchmal mit dem Entgegenge-
setzten, manchmal mit dem kontinuierlich Verbundenen, je nachdem wie es
die Ordnung der Sache erfordert, so wie wir über die Ursache zum Verur-
sachten gelangen. Wir nehmen dieses Ähnliche, Gegensätzliche oder kontinuierlich Verbundene manchmal im Ganzen und manchmal in Teilen auf.
Und aus dieser Ursache erfolgt die Wiedererinnerung. Es ist nämlich offensichtlich, dass jedes Forschen bei irgendeinem Prinzip anhebt, und weil die
Wiedererinnerung ein Nachforschen mittels des Gedächtnisses ist, muss sie
bei einem auf eine der erwähnten Weisen erinnerten Prinzip beginnen.
[p. 129a] Die Bewegungen in manchen von ihnen sind identisch, wie etwa
bei den kontinuierlich Verbundenen, die eine wesenhafte und notwendige
Ordnung haben. In manchen von ihnen aber sind sie [scil. die Bewegungen]
ähnlich, wie bei den dialektischen und rhetorischen Ähnlichkeiten, bei denen
ein ähnliches Urteil aus dem Ähnlichen heraus gefällt wird. In manchen
hingegen beziehen sie sich teilweise auf kontinuierlich Verbundenes und teilweise auf Ähnliches, wie wir zuvor gesagt haben. Weil Wiedererinnerung auf
diese Weise erfolgt, suchen dann alle Wiedererinnernden den Rest von jener
Ordnung, der zu wenig bewegt ist. Deshalb ist sie teilweise im Zustand des
Vergessens, und zwar hinter demjenigen, was ihr Prinzip ist und dessen Bewegung im Gedächtnis kraftvoll ist. Aber jene, die in ihrer Suche nicht der
Ordnung der Sache folgen, erinnern sich trotzdem wieder, wenn das Wie-
derzuerinnernde so beschaffen ist, dass seine Bewegung nach einer anderen
folgt, die der Gewohnheit des (Wieder-)Erinnernden entstammt.

---

248 Vgl. oben, tr. 1 c. 4 (Ed. Colon. 7/2A), p. 122 v. 64–66; hier: S. 75.

Man darf auch nicht gegen das Gesagte die Nachfrage einwenden, wie es möglich ist, dass wir uns an die Sachen (wieder-)erinnern, die weit von jeder Zuordnung untereinander entfernt sind. Jemand könnte nämlich aufmerken und nachfragen, wie wir uns an das Entfernte erinnern, und stattdessen behaupten, dass wir uns an das Naheliegende wiedererinnern. Denn es steht fest, dass es sich sowohl bei zugeordneten als auch bei nicht zugeordneten [Bewegungen] auf eine gewisse Weise um dieselbe Bewegung handelt. Ich sage allerdings: Es mag jemand behaupten, dass das Nachfolgende so ist, dass es sich nicht zum Suchen oder Sich-Wiedererinnern in solchen Sachen eignet (bzw. dass es nicht so ist, dass es sich hierfür eignet), insofern es kein Prinzip hat, von dem es voranschreitet. Wir haben nun schon dargelegt, dass es trotz des Fehlens eines Prinzips in der Sache in solchen Fällen trotzdem ein Prinzip gibt, von dem aus der sich Wiedererinnernde gewohnheitsmäßig voranzuschreiten pflegt: Aus Gewohnheit folgt dieser Gehalt auf den nächsten, und die Wiedererinnerung folgt auf dem Fuße; und dies ist ein für die Wiedererinnerung hinreichendes Prinzip, wie wir ausgeführt haben. Wenn also jemand sich wiedererinnern möchte und eine solche Wiedererinnerung vollzieht, sucht er ein solches Prinzip seiner Bewegung aufzunehmen, nach dem die Bewegung des wiederzuerinnernden Gehalts aus der Gewohnheit des Wiedererinnernden hinreichend sein wird, [p. 129b] auch wenn es kein Prinzip auf Seiten der Sache ist. Weil die Wiedererinnerung aus solchen Prinzipien hervorvorgeht, deshalb sind diejenigen am schnellsten im Wiedererinnern, die vom Prinzip der Schlusskette aus mit dem Wiedererinnern beginnen; und je wesenhafter jenes [Prinzip] die Schlusskette einleitet, desto schneller sind sie im Wiedererinnern: Dann nämlich verhalten sich die wiedererinnerten Elemente zueinander wie diejenigen Sachen, die gemäß ihren Prinzipien als Schlusskette geordnet sind. Und deshalb sind diejenigen Sachen besser wiederzuerinnern, die gemäß ihren Prinzipien eine gewisse Ordnung haben, wie z. B. demonstrativ strukturierte oder auf wahrscheinlichen Gründen beruhende Lehren; das Falsche hingegen, das ungeordnet ist, kann nur mit Mühe wiedererinnert werden.

Das ist der Unterschied, durch den sich das Wiedererinnern vom wiederholten Lernen unterscheidet: Die Wiedererinnerung kann auf eine der beschriebenen Arten auf dieses Prinzip hin in Bewegung versetzt werden, das sich schon vor dem Gesuchten im Gedächtnis befindet, sei es seitens der Sache, sei es aufgrund der Gewohnheit. Derjenige, der wiederholt lernt, wird durch so etwas nicht in Bewegung versetzt, denn weil er durch kein Prinzip sucht und bewegt wird, erinnert er sich nicht zurück oder wieder. Vielfach geschieht es aber, dass ein Fragender und Suchender sich im ersten Moment an irgendetwas auf keine Weise wiedererinnern kann, es aber bei einer späteren Suche finden kann und auch findet. Der Grund hierfür liegt darin, dass gewisse Gehalte stärkerer Einprägung vorher auftreten und die Rückerinnerung an das Prinzip dessen blokkieren, was gesucht wird. Nachdem jene sich aber später beruhigt haben, kehrt er zum Prinzip zurück, und die Wiedererinnerung findet statt. Deshalb tritt Wiedererinnerung bei dem auf, der vieles so lange hin- und herbewegt, bis er zum Prinzip kommt, auf das die gesuchte Sache folgt. Sich (wieder-)erinnern heißt nämlich, zum Innehaben eines bewegenden Gehalts fähig zu sein, der als Prinzip fungiert. Dieses Bewegende ist vorhanden, insofern das innewohnt, aus dem heraus die Bewegung stattfindet (oder, wenn es sich um mehreres dieser Art handelt: aus denen heraus etwas in Bewegung gesetzt wird und die Bewegung erfolgt), wie schon des Öfteren gesagt worden ist. [249] In der Wiedererinnerung muss man nämlich das Prinzip als dasjenige aufnehmen, woraus sich der Prozess ereignet. [p. 130a]

Kap. 4. Aus welchem Prinzip schreitet die Wiedererinnerung voran?

Dasjenige aber, das als Prinzip für die Wiedererinnerung fungiert, ist vielfältig, wie wir weiter oben ausgeführt haben. [250] Manchmal erfolgt sie [scil. die Wiedererinnerung] von den Orten aus, an denen wir die gesuchten Sachen zuerst gesehen oder gehört haben; manchmal aber auch von einer partiellen und unvollständigen Ähnlichkeit aus. Der Grund hierfür ist, dass diejenigen, die sich wiedererinnern, schnell von der einen Sache zur anderen übergehen, z. B. vom Gedächtnis der Milch zum Weißen, das der Milch in der Farbe ähnlich ist; vom Weißen aber zur Luft, insofern Weißes und Luft teilweise ähnlich sind, da das Weiße das begrenzt Durchsichtige ist und die Luft das unbegrenzt Durchsichtige; von der Luft aber zum Feuchten, insofern das Feuchte eine natürliche Eigenschaft der Luft ist; vom Feuchten aber erinnert man sich an den Frühling, der eine warme und feuchte Jahreszeit ist – und so wollen wir sagen, dass der Frühling für die Jahreszeit steht, die mittels des Gedächtnisses gesucht wurde. [p. 130b]

In einem solchen Prozess scheint das allererste das allgemeine Prinzip und der Mittelterm zu sein, wodurch die Suche nach allem Nachfolgendem erfolgt. Wäre nämlich nicht vorausgesetzt, dass man zuvor durch das Gedächtnis auf dieses [Erste] kommt, dann würde eine der zwei folgenden Ungereimtheiten folgen: Entweder man würde sich an gar nichts wiedererinnern, weil man kein Prinzip hätte und jede Suche von irgendeinem Prinzip beginnen

249 Vgl. z. B. oben, tr. 2 c. 1 (Ed. Colon. 7/2A), p. 124 v. 22–27; hier: S. 77.
250 Vgl. oben, tr. 2 c. 3 (Ed. Colon. 7/2A), p. 128 v. 51 – p. 129 v. 7; hier: S. 84.

muss; oder man würde die Erkenntnis von einem anderen her gewinnen als von dem, was das Prinzip der Sache oder der Schlusskette ist – was ebenfalls ungereimt wäre, da alles, was gefunden oder gewusst wird, durch irgendein Prinzip zu wissen oder zu finden ist. Um ein Beispiel dafür zu geben: Setzen wir als im Gedächtnis befindliche geistige Prinzipien, aus denen die Rück- oder Wiedererinnerung voranschreitet, die Aufzählung A B C D E I L T;[251] aus einem dieser Glieder oder aus mehreren kann irgendetwas rückerinnert werden. Wenn nämlich die gesuchte Sache nicht bei L als Prinzip wiederer- innert wird, dann kann die Rückerinnerung bei T erfolgen, was das Nächste [scil. zur gesuchten Sache] ist. Gemäß der [obigen] Voraussetzung geschieht es nämlich, dass das genannte Zurückerinnerte in diesen beiden wie von einem Prinzip in Bewegung gesetzt wird, weil L [p. 131a] das Vorletzte und T das Nächste dazu ist. Es kommt aber auch vor, dass dasselbe in A als erstem [Prinzip] in Bewegung gesetzt wird, oder auch in E als fünftem, in- sofern in der Wiedererinnerung ein schneller Fortgang von einem zum an- deren erfolgt, wie wir zuvor gezeigt haben.[252] Wenn man annähme, dass in keinem der vier genannten Glieder Wiedererinnerung stattfindet, dann müss- te irgendetwas von dem wiedererinnert werden, was in der Folge der erwähn- ten Aufzählung liegt, denn ansonsten würde es nicht von einem Prinzip vor- anschreiten. Wir haben aber diese Prinzipien und keine anderen angesetzt. In der Folge zu E finden sich aber I und L und anderes Ähnliches. Wenn aber gesagt wird, dass in keinem der nachfolgenden Glieder Wiedererinnerung stattfindet, dann muss sie im ersten geschehen, also in A, denn anderenfalls würde sie nicht von einem Prinzip ausgehen, was unmöglich ist. Und wenn sie von A beginnt, dann wird sie immer auf diese Weise vom Ersten zum Folgenden gehen, bis sie zum Gesuchten gelangt.

Doch vom selben Prinzip aus findet manchmal ein [Wieder-]Erinnern statt, manchmal aber auch nicht. Der Grund hierfür liegt darin, dass es manchmal vom Prinzip selbst in Bewegung gesetzt wird, manchmal aber nicht mehr von ihm als von einem anderen bewegt wird. Zum Beispiel: Jemand wird manch- mal von C selbst als Prinzip bewegt, und bei anderer Gelegenheit wird er davon nicht mehr bewegt als von E oder D. Die Ursache dafür wurde schon oben erläutert, weil nämlich manchmal die Bewegung nicht von ihm weiter- gehen kann, insofern sie durch die Bewegungen anderer Gehalte behindert

---

251 Thomas von Aquin gibt in seinem Kommentar zu *De memoria et reminiscentia* ([Ed. Leon. 45/2], p. 125 v. 119–123) den sachdienlichen Hinweis, dass die auf den ersten Blick unklare Buchstabenanordnung dem griechischen Alphabet entspricht. Im vorliegenden Fall steht I für Z, L für H, und T für Θ.
252 Vgl. das Beispiel am Anfang dieses Kapitels: Ed. Colon. 7/2A, p. 130 v. 8–17; hier: S. 86.

wird.[253] So also schreitet die Wiedererinnerung immer von irgendeinem
Prinzip der Schlusskette oder Zuordnung voran, wie auch immer dieses
gestaltet sein mag. Wenn also manchmal die Wiedererinnerung durch ein
langfristiges – d. i.: ein über lange Jahre gewohntes – Prinzip in Bewegung
gesetzt wird, dann wird sie zu demjenigen Gegenstand der Wiedererinnerung
bewegt, der für sie vertrauter ist und der mit ihr durch Gewohnheit verbunden ist; und diese Ordnung ist bei demjenigen, der sich wiedererinnert,
gleichsam natürlich. [p. 131b] Die schon seit langen Jahren verwurzelte Gewohnheit ist nämlich eine Art Natur. Daher erinnern wir uns schneller wieder
an das, was wir vielfach einsehen und in eine Gewohnheit überführen: In
einem Prozess, der seitens der wiederzuerinnernden Sachen in natürlicher
Weise kontinuierlich ist, wird ihre Natur nach diesem Prinzip – nämlich dem
natürlichen – angesetzt und verhält sich gemäß der Natur der Sache wie ein
Folgesatz zu seinem Vordersatz. In ähnlicher Weise wird im Wiedererinnernden dadurch, dass vielfach das Eine nach dem Anderen eingesehen worden
ist, eine Art Natur bewirkt und eingepflanzt, weil die Gewohnheit ein Zustand ist, der in der Weise der Natur bewegt.

Die Wiedererinnerung erfolgt also bei denjenigen Sachen, die außerhalb
der natürlichen Ordnung des Wiederzuerinnernden liegen, aufgrund der Gewohnheit des sich Wiedererinnernden, und zwar in der gleichen Weise wie
bei dem auf natürliche Art Wiederzuerinnernden, an das wir uns aufgrund
der Natur der Sache wiedererinnern. Umso mehr und schneller findet die
Wiedererinnerung dann bei denjenigen [Gehalten] statt, bei denen beides im
Spiel ist: Das sind diejenigen, die von der Gewohnheit verstärkt worden sind,
denen aber in ähnlicher Weise die Natur bei der Ordnung des Wiederzuerinnernden innewohnt. Als ›außerhalb der Natur‹ bezeichnen wir die Sachen,
die zufällig miteinander verbunden sind. Bei ihnen kann man nämlich kein
anderes Prinzip ansetzen, von dem die Wiedererinnerung voranschreitet, als
die Gewohnheit. Also kommt es vor, dass der sich Wiedererinnernde auch
dort in Bewegung versetzt wird, wo es sich um Zufälliges handelt, aber auf
eine andere Weise als in den restlichen Fällen, wie wir ausgeführt haben.[254]
Und wenn der sich Wiedererinnernde in solchen Situationen von der Gewohnheit zurückgehalten wird und der Wiedererinnerung an irgendeinen
Namen bedarf, den er zuvor gehört hat, wird er einen dem vorher gehörten
ungleichartigen Namen aufnehmen, der auf eine gewisse Weise wie jener ist.
Da er dann weder durch die Gewohnheit noch durch die natürliche Ordnung

---

253 Vgl. oben, tr. 2 c. 1 (Ed. Colon. 7/2A), p. 125 v. 17–21; hier: S. 78 f.
254 Vgl. oben, tr. 2 c. 3 (Ed. Colon. 7/2A), p. 127 v. 37 – p. 128 v. 2, p. 128 v. 21–27, p. 129
    v. 21–34; hier: S. 82 f., S. 83, S. 85.

unterstützt wird, wird er beim Wiedererinnern eine falsche Verbindung herstellen, was dasselbe ist, wie eine Schlusskette oder Zuordnung von Sachen [zu bilden], die nicht zueinander passen. Das Wiedererinnern ereignet sich also auf diejenige Weise, die von uns bestimmt worden ist. [p. 132a]

Kap. 5. Wie nimmt jede Wiedererinnerung notwendigerweise die vergangene Zeit auf?

Wie im Vorangehenden ausgeführt worden ist,[255] schreitet jede Wieder- bzw. Rückerinnerung auf verschiedene Weise von irgendeinem Prinzip voran. Dennoch ist es grundsätzlich wahr, dass jeder, der sich wiedererinnert, am meisten die vergangene Zeit erkennen muss, insofern diese das Maß für das ist, woran er sich wiedererinnert. Dies geschieht aber auf zweifache Weise: Entweder ist das ›Wann‹ nämlich definit bestimmt oder unbestimmt. Definit bestimmt ist das ›Wann‹ z. B. als ›vor drei Jahren‹, unbestimmt hingegen das, was wir uns erneut als einfach Vergangenes vor Augen führen, ohne dabei ein Zeitmaß anzugeben, wann es stattgefunden hat. Die Seele beurteilt aber die Zeit, wie sie auch die Zahl beurteilt, [p. 132b] wenn sie diese als mehr, kleiner oder weniger beurteilt. Es ist auch vernünftig, dass sie diese [scil. die Zeit] ebenso beurteilt, wie sie die Größe beurteilt. Weil nämlich die Zeit auf eine gewisse Weise an der Seinsweise der Zahl und an der Seinsweise des Kontinuums teilhat, ist es stimmig, dass die Seele sie [scil. die Zeit] auf dieselbe Weise beurteilt wie Zahl und Größe, von denen die eine diskret und die andere kontinuierlich ist.

Die Seele erkennt nämlich gemäß der Entfernung des Ortes das Große und weit Entfernte, und nicht indem sie sich zu deren Erkenntnis ausstreckt, wie Platon meinte[256] (und wie manche behauptet haben, dass der Gesichtssinn in körperlichen Strahlen zum Sichtobjekt ausgestreckt werde[257]); vielmehr erkennt sie es in [seelischen] Gehalten (*species*), die in ihr selbst ein einfaches und unkörperliches Sein haben. Ebenso erkennt sie die Zeit nicht, indem sie sich selbst in zeitlicher Dauer ausdehnt, sondern nur durch den Gehalt der Zeit, je nachdem wie das ›Wann‹ aus der zeitlichen Sache aufgenommen wird, der sie wie ein Maß anhaftet. Denn auch wenn [p. 133a] die vergangene Zeit nicht existiert, weil sie ins Nichtsein verschwunden ist (wie wir im vierten Buch der *Physik* ausgeführt haben[258]), so versteht die Seele trotzdem immer noch auf ähnliche Weise wie zuvor, insofern der Gehalt

---

255 Vgl. *ebd.*, p. 127 v. 33 – p. 128 v. 27; hier: S. 82f.
256 Vgl. ARISTOTELES, *De anima* I 3 (407 a 2–18).
257 Vgl. ARISTOTELES, *De sensu et sensato* 2 (437 b 10 – 438 a 5, 25–27).
258 Vgl. ALBERTUS MAGNUS, *Physica* l. 4 tr. 3 c. 1 (Ed. Colon. 4/1), p. 259 v. 57 – p. 260 v. 4.

dieses ›Wann‹, der in definit bestimmter oder in unbestimmter Weise aus dem
Vergangenen stammt, nicht aus ihr gewichen ist. Doch diese Bewegungen sind
gemäß einer Analogie und Verhältnismäßigkeit in der Seele: Denn so, wie die
Sachen im Verhältnis demjenigen ›Wann‹ angemessen sind, das ihnen anhaftet,
so werden auch die Gehalte der Sachen dem Gehalt des ›Wann‹, der als ihr
Bestandteil erkannt wird, im Verhältnis angemessen gestaltet. In diesen beiden
[Gehalten], die in der Seele sind, finden sich ähnliche Gestalten und Bewegungen, die im Verhältnis dem angemessen sind, was in den Sachen selbst ist: Denn
von den figürlichen Sachen gibt es figürliche Gehalte in der Seele, wo sie im
Gedächtnis aufbewahrt werden; ebenso haben die Bewegungen der Sachen und
das ›Wann‹ dieser Bewegungen ihnen ähnliche Gehalte in der Seele und im
Gedächtnis. Weil die Wiedererinnerung eine mittels des Gedächtnisses ange-
stellte Suche und Nachforschung ist, muss sie sich dieser [Gehalte] bedienen,
insofern diese den Sachen im Verhältnis angemessen sind.

Inwiefern wird die Seele von sich selbst einen Abstand haben, wenn sie
Größeres erkennt oder wenn sie Kleineres erkennt? Die Antwort lautet: überhaupt nicht. Dies verhält sich so, weil die Seele nicht durch eine Ausdehnung
zu den Sachen hin erkennt, sondern durch die von den Sachen empfangenen
Gehalte. Diesen [Gehalten] kommt es aber nicht zu, groß oder klein zu sein,
sondern lediglich im Verhältnis den Sachen angemessen zu sein, so wie auch
die Intention im Verhältnis zu demjenigen angemessen gestaltet wird, was
durch sie intendiert wird. Sie selbst [scil. die Seele] hat also von sich selbst
überhaupt keinen Abstand, wenn sie Größeres erkennt oder wenn sie Kleineres erkennt. Alles nämlich, was in ihr selbst ist, ist kleiner als das, was
außerhalb von ihr ist. Trotzdem sind das Innere und das Äußere im Verhältnis angemessen, und deswegen kann das eine durch das andere erkannt werden. Ebenso ist es mit dem zeitlichen Abstand, denn diesen erinnert und
erfasst die Seele, ohne von sich selbst Abstand zu haben. Vielleicht wird in
der Seele ein gewisser Abstand und eine Ausdehnung aufgenommen, so wie
sie in den Gehalten aufgenommen worden sind, die in ihr getrennt von den
Sachen existieren. Dieser Abstand ist aber nicht einer in Zeit und Ort, wodurch sie sich auf dieses oder jenes hin ausdehnt, sondern einer der Verhältnismäßigkeit, wie gesagt wurde: Dieser Abstand ist in der Seele, so wie der
wirkliche Abstand in den voneinander entfernten Sachen ist. Dies sei gegen
diejenigen gesagt, die behaupten, dass die Seele sich zeitlich und quantitativ
zu den Sachen ausstreckt, die sie einsieht und an die sie sich wiedererinnert.
[p. 133b]

Dass aber der Abstand der Verhältnismäßigkeit in der Seele das bewirkt,
was der Abstand der Quantität oder des Ortes in den Sachen bewirkt, lässt
sich wie folgt zeigen: Es sei AB irgendeine Sache, der ein ›Wann‹ anhaftet,

das einen zeitlichen Abstand ausmacht. A sei die Sache selbst und B sei das
›Wann‹, das bei ihr aus dem Anhaften der Zeit übrig bleibt. Da das erste
Wahrnehmende der Seele die diskreten und kontinuierlichen Quantitäten aufnimmt, wollen wir sagen, dass der Gehalt von AB im Gemeinsinn BE sei; und
weil das, was sich im Gemeinsinn befindet, darüber hinaus den Geist oder das
Gedächtnis bewegt, das sich beiläufig auf die geistig erkennbaren Objekte
bezieht, setzen wir die im Intellekt oder im Gedächtnis hieraus bewirkten
Gehalte als CD. Diese werden also zueinander in einem angemessenen Verhältnis stehen. Wenn die Bewegung beim Äußeren anhebt und zur Seele
gelangt, dann wird gemäß der äußeren Sache AB im Gemeinsinn BE in
Bewegung gesetzt, und dies ruft dann DC im Geist oder im Gedächtnis hervor, weil das Gedächtnis sich beiläufig auf die geistig erkennbaren Objekte
bezieht, wie oben bestimmt wurde.[259] AB und CD sind nämlich, wie gesagt,
im Verhältnis einander angemessen. Deshalb gelangt man über CD zu AB,
wenn die Bewegung der Wiedererinnerung bei der Seele anhebt und zur
gesuchten Sache gelangt. Denn ebenso wie das im Gemeinsinn Vorhandene
im Verhältnis der Sache so angemessen ist, dass sie dadurch erfasst wird, wie
sie ist, so ist auch der Gedächtnisgehalt, mit dem die Wiedererinnerung an-
fängt, im Verhältnis der Sache angemessen, und deshalb kann man durch ihn
vollständig zur abwesenden Sache gelangen.

Setzen wir aber eine andere Sache mit einer anderen zeitlichen Differenz,
KI, deren Gehalt im Gemeinsinn TI ist und im Gedächtnis ZI bewirkt. Wenn
nun jemand fragte, weshalb AB im Gedächtnis eher CD bewirkt als ZI,
würden wir sagen: Ebenso wie DC im angemessenen Verhältnis zu AB steht,
als Gehalt und Intention zu derjenigen Sache, deren Gehalt und Intention sie
ist, so verhält sich auch TI im Gemeinsinn zu ZI im Gedächtnis angemessen,
insofern beide von ihnen ein Gehalt dessen sind, was KI in der äußeren
Sache ist. Also wird die Seele gemäß diesen verhältnismäßigen Bewegungen
zugleich bewegt, weil Kontinuität zwischen dem zuerst Bewegenden und dem
zuletzt Bewegten besteht, gleichgültig, ob diese Bewegung nun bei den äußeren Sachen oder von der Seele her beginnt. Und damit ist die zuvor auf-
geführte Frage beantwortet, insofern AB, das CD hervorruft, in keinem Verhältnis der Angemessenheit zu ZI steht und es deshalb auch nicht hervorruft.
Wenn aber die Seele ZI erkennen bzw. durch den Geist aufnehmen möchte,
[p. 134a] wird sie es auf gänzlich ähnliche Weise in seiner Ordnung erkennen,
wie sie CD in einer anderen Ordnung erkennt; doch durch TI, den Gehalt
im Gemeinsinn, erkennt sie die Sache KI, deren Gehalt jener ist. Die Bewegungen TI und KI verhalten sich zueinander gänzlich ähnlich, wie sich BE

---

259 Vgl. oben, tr. 1 c. 3 (Ed. Colon. 7/2A), p. 118 v. 45–58; hier: S. 69.

und BA in einer anderen Ordnung zueinander verhalten. Hieraus ist offensichtlich, dass die Seele durch die sachbezogenen Gehalte zu den abwesenden
und anwesenden Sachen gelangt.

Wenn also die Bewegung von der Seele zur Sache hin zugleich sowohl in
der Sache als auch in der Zeit erfolgt, dann ist das Gedächtnis tätig. Und
ähnlich ist es bei der Wiedererinnerung, die immer nur mittels des Gedächtnisses nachforscht, wie wir im Vorangehenden gesagt haben.[260] Manchmal
meint jemand, sich an etwas zu erinnern, obwohl sein Gedächtnis nicht tätig
ist; und zwar deshalb, weil er sich nicht auf die vergangene Zeit als vergangene bezieht, sondern es ohne Bezug auf die Zeit allein bei sich haben möchte. Nun hindert nichts jemanden daran, sich selbst zu belügen und zu täu-
schen, so dass er sich selbst so erscheint, als erinnere er sich, obwohl er nicht
im Zustand der Erinnerung ist: Das geschieht besonders dann, wenn jemand
etwas aufnimmt und betrachtet, was in sich vergangen ist, es aber nicht als
Vergangenes auffasst, sondern es sich als etwas schlechthin geistig Erkanntes
oder Wahrgenommenes vorstellt und es nicht auf die vergangene Sache bezieht, insofern sie vergangen ist. Man glaubt nämlich nicht, dass sich jemand
gleichzeitig erinnert und handelt, weil sich jede Handlung auf das Gegenwärtige und keine auf das Vergangene bezieht; das Gedächtnis hingegen bezieht sich immer auf das Vergangene und niemals auf das Gegenwärtige.
Denn wenn jemand eine Vorstellung oder eine Einsicht hat und so in seinem
Urteilen oder Genießen in Bezug auf etwas tätig ist, dann fasst er jenes nicht
als Erinnertes auf. Denn das Erinnern ist [p. 134b] gemäß den obigen Bestimmungen dasjenige, was sich auf das Vergangene bezieht, insofern es vergangen ist.[261] Auch wenn der Gehalt also in der Seele wirksam ist, wirkt er
nicht als vergangener – denn als solcher ist er kein Gegenstand von Streben
und Meiden –, sondern er wirkt wie ein Gegenwärtiges, das dem Vergangenen ähnlich ist. Doch wenn eine Wiedererinnerung ohne Zeitindex stattfindet, dann erinnert sich derjenige an jene Sache nicht im eigentlichen Sinne
des Wortes wieder.

Dass den obigen Ausführungen zufolge Gedächtnis und Wiedererinnerung
zur Zeit gehören, meint zweierlei: Manchmal nämlich erinnern wir uns mit
einem feststehenden Maß an Zeiten, wenn wir z. B. sagen, dass vor drei
Tagen das getan wurde, woran wir uns wiedererinnern. Aber manchmal geschieht dies nicht mit einem feststehenden Maß, und trotzdem erinnert man
sich, gleichwohl die vergangene Zeit nicht mit einem festen Maß zur Gegenwart hin gemessen wird. Die Menschen pflegen nämlich zu sagen, dass sie

260 Vgl. oben, tr. 2 c. 2 (Ed. Colon. 7/2A), p. 126 v. 48 – p. 127 v. 15; hier: S. 81f.
261 Vgl. oben, tr. 1 c. 2 (Ed. Colon. 7/2A), p. 116 v. 39–60; hier: S. 65f.

sich erinnern, auch wenn sie den Abstand der vergangenen Zeit zur Gegenwart nicht kennen, und zwar dann, wenn sie mit keinem feststehenden Maß den Umfang des ›Wann‹ kennen, zu der die Sache stattgefunden hat, an die wir uns wiedererinnern.

Kap. 6. Das Gedächtnis unterscheidet sich von der Wiedererinnerung hinsichtlich der Träger

Im Vorangehenden ist bestimmt worden, dass das Gedächtnis und die Wiedererinnerung an Sachen hinsichtlich ihrer Tätigkeiten und Zustände nicht dasselbe sind.[262] Zum einen unterscheiden sie sich hinsichtlich der Zeit, die das Gedächtnis nur in der erinnerten Sache aufnimmt, die Wiedererinnerung hingegen als feststehende oder unbestimmte Zahl gemäß dem Abstand zur Gegenwart; [p. 135a] zum anderen unterscheiden sie sich auch darin, dass viele der vom Menschen unterschiedenen Tiere, die dennoch über eine Denkkraft (*cogitativa*) verfügen, Anteil am Gedächtnis haben, während keines davon, wie ich sagen möchte, an der Wiedererinnerung teilhat, sondern allein der Mensch. Der Grund hierfür ist folgender: Das Wiedererinnern, insofern es ein Nachforschen mittels des Gedächtnisses darstellt, ist wie ein Schlussverfahren (*syllogismus*), das von einem Prinzip ausgeht. Trotzdem ist es kein richtiges Schlussverfahren, weil es an sich von einzelnen [Gehalten] zu den Sachen und nicht zu irgendeiner durch die Prinzipien bewirkten [allgemeinen] Erkenntnis voranschreitet; sondern es dringt zu der Sache vor, die zuerst die Erkenntnis in der Seele bewirkt hat. Es ist eine Art Schlussverfahren zu dem hin, was jemand zuvor gesehen bzw. gehört hat oder was sonst von dieser Art ihm gemäß seiner Sinneswahrnehmung widerfahren ist. So nämlich schlussfolgert derjenige in sich selbst, der sich wiedererinnert, und seine Wiedererinnerung ist eine Art Suche oder Nachforschen, wie wir oben gesagt haben.[263] Ein solches Nachforschen vollzieht sich aber nicht ohne die ordnende Vernunft, und deshalb findet es sich bei denjenigen [Lebewesen], denen es zukommt, zu überlegen (*deliberare*) und das Vorausgehende auf das Nachfolgende hinzuordnen. Die Vernunft (*ratio*), die das eine aus dem anderen heraus überlegt, [p. 135b] ist nämlich auf die Weise des Schlussverfahrens tätig, das freilich manchmal notwendig, manchmal hingegen wahrscheinlich ist, und das sich zuweilen auch der Macht der Gewohnheit bedient.

---

262 Vgl. ARISTOTELES, *De memoria et reminiscentia* 2 (451 a 8 – b 10); vgl. oben, tr. 2 c. 2 (Ed. Colon. 7/2A), p. 125 v. 40 – p. 127 v. 20; hier: S. 79–82.
263 Vgl. oben, tr. 2 c. 2 (Ed. Colon. 7/2A), p. 126 v. 48 – p. 127 v. 15; hier: S. 81f.

Kap. 7. Über diejenigen, die sich gut oder schlecht wiedererinnern

Das von uns Gesagte – dass die Wiedererinnerung mittels einer schlussfolgernden Überlegung erfolgt – sollte nun niemanden zu dem Glauben verlei-
ten, dass die Wiedererinnerung ausschließlich gemäß dem getrennten Geist
statthat. Weil nämlich das Ziel der Akte der Wiedererinnerung in der Aufnahme des Vergangenen unter einem feststehenden oder unbestimmten Zeitmaß liegt, ist es erforderlich, dass die Wiedererinnerung eine Bewegung und
eine körperliche Affektion darstellt. Die Fähigkeit zur Wiedererinnerung ist
nun je nach den Dispositionen der körperlichen Mischung gut oder schlecht.
Es gibt ein Indiz dafür, dass sie eine körperliche Affektion ist, [p. 136a] durch
welche von jenem Vorstellungsgehalt her, der durch seine Bewegung die Affektion einprägt, der Mischung des Sinnesorgans etwas widerfährt:[264] Einige
Menschen, die eine bestimmte Mischung haben, sind gemäß der Bewegung
der so beschaffenen Mischung besonders zur Wiedererinnerung fähig. Auch
dass diejenigen, denen es an Intelligenz mangelt und die aufgrund dieses
Mangels ungeordnet argumentieren, sich nicht wiedererinnern können, be-
stätigt die Wahrheit unserer Behauptung, dass die Wiedererinnerung die körperliche Affektion eines Vorstellungsgehalts ist: Wir haben nämlich gesagt,
dass manche Menschen mit einer bestimmten körperlichen Mischung diese
[Fähigkeit zur Wiedererinnerung] besitzen, und führen hier ein Indiz dafür
an, nämlich dass am stärksten unter allen Menschen die Melancholiker sie
haben, vor allem jene, die eine rauchige und heiße Melancholie haben, wie es
Aristoteles im Buch *Über die Probleme* überliefert.[265] Solche Menschen haben
eine hinzukommende Melancholie (*melancholia accidentalis*), die dadurch verursacht wird, dass Blut und Galle gleichzeitig verbrannt werden. Unter allen
Menschen werden diese nämlich am stärksten von Vorstellungsgehalten bewegt, weil sie in der Trockenheit des hinteren Hirns besonders kräftig eingeprägt und von der Wärme der rauchigen Melancholie bewegt werden: Eine
solche Beweglichkeit ist der Wiedererinnerung zuträglich, die ein Nachforschen ist. Die Aufbewahrungsfähigkeit des Trockenen vergegenwärtigt aber
viele Gehalte, aus denen heraus Bewegung erfolgt.

---

264 Zu Alberts nachfolgender Deutung der Melancholie als für die Wiedererinnerung be-
    sonders förderlicher Disposition, die teilweise den textlichen Problemen der *Translatio
    Vetus* von Jakob von Venedig, teilweise aber auch Alberts Streben nach einer konstruk-
    tiven wissenschaftlichen Deutung des schwierigen Textes geschuldet ist, vgl. Donati
    2009, bes. 521–537. Vgl. auch Yates 1990, 68.

265 Ps.-Aristoteles, *Problemata* XXX 1 (954 a 39 – b 4). Vgl. hierzu van der Eijk 1990.

Der Grund für die ausgeprägte Fähigkeit zur Wiedererinnerung liegt aber darin, dass sich die Menschen nicht von sich aus wiedererinnern, so dass es in ihrer Kontrolle läge, in der Bewegung der Wiedererinnerung stehenzubleiben oder voranzuschreiten; vielmehr zwingt dazu oft eine natürliche oder hinzukommende Verfassung des Körpers, die durch eine Krankheit oder das Lebensalter bewirkt wird. Ebenso wie diejenigen, die einen Stein geschleudert haben, es nicht mehr länger unter Kontrolle haben, dass der Stein dort anhält, wo sie es wollen, so wird auch der sich Wiedererinnernde gleichsam durch eine körperliche Notwendigkeit bewegt: Denn der Vorstellungsgehalt bewegt ein körperliches Organ, in dem die Affektion auftritt, welche die Wiedererinnerung ist. Sie haben eine solche Affektion aber nicht, weil sie über eine gute Wiedererinnerung verfügen, sondern weil sie [p. 136b] – selbst wenn sie wollen – die Bewegung nicht stoppen können, die in denjenigen auftritt, bei denen ein Übermaß an beliebiger Feuchtigkeit (ob natürlichen oder hinzukommenden Ursprungs) an dem Ort der sinnlichen Seelenkräfte anwesend ist. Eine solche vom sinnlich Wahrnehmbaren bewirkte Feuchtigkeit hält nicht leicht inne, bevor sie das erreicht, was sie sucht. Denn die Anspannung des Suchens zieht Pneuma[266] und Wärme nach sich, und diese verbreiten in ihrem Aufwallen das Feuchte, das natürlicherweise nicht aus sich selbst heraus Halt macht. Aber sobald das Gesuchte gefunden wird, dann löst sich die Anspannung des Suchens, und die Wärme sowie das Pneuma ziehen sich zurück, so dass das Feuchte allmählich zur Ruhe kommt. Eine solche Bewegung des Feuchten schreitet nämlich aus dem Prinzip des Gedächtnisses direkt zum Gesuchten voran, wie es oben bestimmt worden ist.[267] Das ist der Grund dafür, dass beim Auftreten von Zornerregungen und Ängsten in solchen körperlichen Mischungen diese schnell hin- und herbewegt werden, wenn sie von etwas bewegt werden, das als Übel eingeschätzt wird. Durch diese wiederholten wechselnden Bewegungen kommt man nicht zur Ruhe, sondern sie lassen das Gehirn oft um dasselbe kreisen, solange noch die Einschätzung[268] vorliegt, dass es sich um ein schreckliches Übel handelt.

---

266 *Pneuma* bzw. *spiritus* bezeichnet in der antiken Philosophie und Medizin einen besonders feinen Stoff, der als eine Art Bindeglied zwischen dem Körper und der Seele fungiert und deshalb auch in der Analyse neurophysiologischer Prozesse eine wichtige Rolle spielt. Zu Alberts Verständnis dieser Art von *spiritus* vgl. THEISS 1997, 38–43.

267 Vgl. oben, tr. 2 c. 7 (Ed. Colon. 7/2A), p. 136 v. 31–39; hier: S. 95.

268 An dieser Stelle ist nach meinem Dafürhalten die paläographisch nahestehende Variante *existimatio* wesentlich passender als die in den Manuskripten und in den unkritischen Editionen einhellig zu findende Lesart *examinatio*: Die angesprochenen Affekte von Angst und Zorn liegen gemäß der stoischen Emotionslehre, die hier im Hintergrund steht, im fortbestehenden Urteil bzw. in der anhaltenden Einschätzung – und

Diese Affektion, die den unwillentlichen Lauf der Wiedererinnerung darstellt, kann mit Substantiven oder Verben beim Sprechen bzw. bei überzeu-
gungsheischenden Argumenten verglichen werden, wenn solche Reden aus
Worten oder Sätzen bei Melancholikern oder bei flüssig Feuchten auftreten.
Sobald solche Menschen nämlich begonnen haben, von Substantiven, Verben und Argumenten Gebrauch zu machen, sprechen sie lange und verstum-
men nicht; und das ist eines der Indizien für Melancholie, dass jemand im
Überfluss zahlreiche überzeugungsheischende Worte im Mund führt, die sich
auf Irrelevantes beziehen. Auch wenn solche Menschen manchmal nach außen eine längere Pause einlegen, widerfährt es ihnen aber doch sozusagen
unwillentlich, dass sie ohne Grund wieder singen, sprechen oder über die
Namen der Sachen sprechen, und zwar wegen der starken Bewegung der
Vorstellungsgehalte, die in ihnen stattfindet. In diesen [Menschen] gibt es
sehr viele Wiedererinnerungen.

Es gibt aber auch diejenigen, die in der vorderen Kopfregion um den
Wahrnehmungssinn herum größere [Körper-]Teile haben; insofern sie in diesen [Regionen] eine komprimierte Feuchtigkeit haben, sind diese Menschen
ein wenig besser zum Wiedererinnern fähig als diejenigen, bei denen es sich
auf entgegengesetzte Weise verhält. Denn große Teile [p. 137a] solcher Art
legen Zeugnis für eine stark erweiterte Flüssigkeit und für ein großes Vermögen ab. Das Komprimieren des Feuchten bewirkt, dass sie die Vorstellungsgehalte fest aufbewahren und deshalb in hohem Maße zur Wiedererinnerung befähigt sind. Solche Menschen tragen nämlich in ihrem sinnlichen
Teil die Last einer beträchtlichen komprimierten Feuchtigkeit, in der sehr viel
Bewegung des sinnlich Wahrnehmbaren stattfindet. Diese werden, sobald der
Anfang der Bewegung in ihnen erfolgt ist, nicht verweilen, sondern sind vielfach zerstreut. Insofern sie eine fließende Feuchtigkeit haben, welche die Formen infolge des Komprimierens aufbewahrt, kommen auch diese Menschen
beim Wiedererinnern nicht leicht zur Ruhe, sondern sind viel in Bewegung.

Die ganz Jungen aber, wie die Kinder, sowie die sehr Alten können sich
nicht gut wiedererinnern wegen der vielfachen Bewegung, die in ihnen ist,
und sie haben kein Vermögen, um die Formen aufzubewahren. Die Greise
sind nämlich im Verfall und haben eine äußerlich benetzende Feuchtigkeit
(*humidum humectans*); die Kinder hingegen sind im Wachstumsprozess und haben eine wachstumsfördernde, äußerst feuchte Flüssigkeit (*humidum augens*),
aufgrund der Nachbarschaft zum Sperma.[269] Deshalb bewahren sie nur das

---

        nicht in einer noch andauernden Prüfung –, dass ein schreckliches Übel bevorsteht
        oder anwesend ist. Deshalb erscheint mir hier eine Emendation angebracht.
269 Zur Unterscheidung dieser beiden Arten von Feuchtigkeit vgl. oben, Anm. 221.

auf, was sich infolge von Bewunderung [p. 137b] oder von einer starken Emotion des Schmerzes oder der Freude her als Gehalt tief in solchen Jungen festgesetzt hat. Ferner: Die Komprimierten, also diejenigen, die aufgrund ihres Lebensalters eine komprimierte körperliche Mischung haben (in denen das Feuchte also verblieben ist und nicht fehlt, wie z. B. bei Jünglingen und bei den im vollen Erwachsenenalter Stehenden), sind gut im Wiedererinnern. In ihnen verbleibt die Wiedererinnerung bis ins hohe Alter, das Greisenalter genannt wird, weil jene genügend Feuchtigkeit, aber nicht zu viel Flüssigkeit haben.

So ist also von uns über das Gedächtnis sowie über das Erinnern, welches die Tätigkeit des Gedächtnisses bildet, gesagt worden, worin deren Natur liegt. Und es wurde dargelegt, mit welchem der Seelenteile sich die Tiere erinnern. Gesprochen wurde auch über das Sich-Wiedererinnern und die Wiedererinnerung sowie darüber, was sie sind, auf welche Weise jedes von beiden sich ereignet und infolge welcher Ursachen beides von ihnen geschieht.

Damit endet *Über das Gedächtnis und die Wiedererinnerung.*[*]

———————
[*] Für wertvolle Anregungen zur Übersetzung danke ich herzlich meinem Würzburger Kollegen Dag Nikolaus Hasse sowie Silvia Donati und Hannes Möhle vom Albertus-Magnus-Institut. Mein besonderer Dank gilt auch Susana Bullido del Barrio für die reibungslose Zusammenarbeit bei den Korrekturen und Satzarbeiten am Text.

Glossar

accidentalis	=	beiläufig, hinzukommend
(vis) aestimativa	=	Einschätzungskraft
ars memorandi	=	Gedächtniskunst
cerebrum	=	Gehirn
(vis) cogitativa	=	Denkkraft
complexio	=	körperliche Mischung
consuetudo	=	Gewohnheit
cortex	=	Hirnrinde
digressio	=	Exkurs
discretio	=	Unterscheidung
dispositio	=	Verfasstheit
(vis) distinctiva	=	Unterscheidungskraft
figura	=	Gestalt
habitus	=	Zustand
imaginatio, (vis) imaginativa	=	Einbildungskraft
intellectus	=	Geist; geistige Erkenntnis
intellectus agens	=	tätiger Geist
intellectus possibilis	=	Geist in Möglichkeit
intelligibilia	=	geistig erkennbare Objekte
intentio	=	Intention
memorabile	=	Gedächtnisgegenstand
(re)memorari	=	sich erinnern
(vis) memorativa	=	Gedächtniskraft
memoria	=	Gedächtnis
motus	=	Bewegung, Prozess
passio	=	Affektion
phantasia	=	Vorstellung, Vorstellungskraft
phantasma	=	Vorstellungsgehalt
primum sensitivum	=	das erste Wahrnehmende
recordari	=	sich zurückerinnern
recordatio	=	Rückerinnerung
reminiscentia	=	Wiedererinnerung
reminisci	=	sich wiedererinnern
repraesentare	=	vergegenwärtigen
sensibile	=	das sinnlich Wahrnehmbare
sensus	=	Wahrnehmung, Wahrnehmungssinn
sensus communis	=	Gemeinsinn
species	=	(seelischer) Gehalt
spiritualis	=	unkörperlich
spiritus	=	Pneuma
syllogismus	=	Schlussverfahren
universale	=	Allgemeines, Allgemeinbegriff

Literatur

Quellen und Übersetzungen

ALBERTUS MAGNUS, *Opera omnia*, ed. Institutum Alberti Magni Coloniense, Münster 1951 ff.
- *Opera omnia*, ed. A. Borgnet, Paris 1890–1899. [= Ed. Paris.]
- *De animalibus*, 2 Bde., ed. H. Stadler (BGPhMA 25–26), Münster 1916/1920.
- *Commentary on Aristotle, On Memory and Recollection*, übers. v. J. M. Ziolkowski, in: Carruthers / Ziolkowski (Hg.), a. a. O., 118–152. [= Ziolkowski 2002]
ALBERTUS-MAGNUS-INSTITUT (Hg.), *Albertus Magnus und sein System der Wissenschaften. Schlüsseltexte in Übersetzung*, Münster 2011. [= Albertus-Magnus-Institut 2011]
ARISTOTELES, *De anima*, ed. W. D. Ross (Oxford Classical Texts), Oxford 1956.
- *Parva naturalia*, ed. W. D. Ross (Oxford Classical Texts), Oxford 1955.
- *De memoria et reminiscentia*, übers. u. erl. v. R. A. H. King (Aristoteles. Werke in deutscher Übersetzung, 14/2), Darmstadt 2004. [= King 2004]
Ps.-ARISTOTELES, *Problemata Physica*, ed. W. S. Hett (Loeb Classical Library 317), Cambridge / Mass. 1937.
AUGUSTINUS, *Confessionum libri XIII*, ed. L. Verheijen (CCSL 27), Turnhout 1990.
AVERROES, *Compendium libri Aristotelis De memoria et reminiscentia*, in: *Averrois Cordubensis Compendia librorum Aristotelis qui Parua naturalia vocantur*, ed. Ae. L. Shields / H. Blumberg (CCAA 7), Cambridge / Mass. 1949, pp. 47–72.
AVICENNA, *Liber de anima seu Sextus de naturalibus*, 2 Bde., ed. S. van Riet, Louvain / Leiden 1968–1972.
- *Kitāb Al-Najāt*, transl. Rahman: Avicenna's Psychology. An English translation of Kitab Al-Najat, book II, chapter 6, with historico-philosophical notes and textual improvements, by F. Rahman, London 1952.
Ps.-CICERO, *Ad Herennium libri quattuor de ratione dicendi*, ed. H. Caplan, London 1954.
DIONYSIUS Ps.-AREOPAGITA, *De divinis nominibus*, ed. B. R. Suchla (PTS 33), Berlin / New York 1990.
HUME, David, *Eine Untersuchung über den menschlichen Verstand*, übers. v. R. Richter (Philosophische Bibliothek 35), Hamburg 2005.
JOHANNES BLUND, *Tractatus de anima*, edd. D. A. Callus / R. W. Hunt (Auctores Britannici Medii Aevi 2), London 1970.
JOHANNES DAMASCENUS, *De fide orthodoxa*, ed. E. M. Buytaert (Franciscan Institute Publications 8), New York et al. 1955.
JOHANNES DE RUPELLA, *Summa de anima*, ed. J. G. Bougerol (Textes philosophiques du Moyen Âge 11), Paris 1995.
NEMESIUS EMESENUS, *De natura hominis*, ed. J. R. Moncho / G. Verbeke (CLCAG Suppl. 1), Leiden 1975.
PLATO, *Opera*, ed. J. Burnet (Oxford Classical Texts), Oxford 1905–1913.
THOMAS DE AQUINO, *Sentencia libri De sensu et sensato cuius secundus tractatus est De memoria et reminiscentia*, ed. R. A. Gauthier (Ed. Leonina 45/2), Rom / Paris 1985.
- *Summa theologiae* I–II. *Quaestiones 1–70* (Ed. Leonina 6), Rom 1891.
- *Commentaries on Aristotle's »On Sense and What Is Sensed« and »On Memory and Recollection«*, translated with introduction and notes by K. White and M. Macierowski, Washington 2005. [= WHITE / MACIEROWSKI 2005]

Untersuchungen

ANZULEWICZ, H. 2005, *Memoria* und *reminiscentia* bei Albertus Magnus, in: A. Paravicini Bagliani (Hg.), La mémoire du temps au Moyen Age (Micrologus library 12), Florenz, 163–200.

BARTLETT, F. C. 1932, Remembering. A Study in Experimental and Social Psychology, Cambridge.

BLACK, D. 1996, Memory, Individuals, and the Past in Averroes's Psychology, in: Medieval Philosophy and Theology 5, 161–187.

BLOCH, D. 2007, Aristotle on Memory and Recollection. Text, Translation, Interpretation, and Reception in Western Scholasticism (Philosophia antiqua 10), Leiden / Boston.

BRUMBERG-CHAUMONT, J. 2010, La première reception du *De memoria et reminiscentia* au Moyen Âge Latin: le commentaire d'Adam de Buckfield, in: GRELLARD / MOREL 2010, 121–142.

CARRUTHERS, M. 2008, The Book of Memory. A Study of Memory in Medieval Culture, 2. Aufl., Cambridge.

CARRUTHERS, M. / ZIOLKOWSKI, J. M. 2002 (Hg.), The Medieval Craft of Memory. An Anthology of Texts and Pictures, Philadelphia.

COLEMAN, J. 1992, Ancient and Medieval Memories. Studies in the Reconstruction of the Past, Cambridge.

DE LEEMANS, P. 2011, Art. »*Parva Naturalia*, Medieval Commentaries on Aristotle's«, in: H. Lagerlund (Hg.), Encyclopedia of Medieval Philosophy. Philosophy between 500 and 1500, Wien / New York 2011, Bd. 2, 917–923.

DI MARTINO, C. 2007, *Memoria dicitur multipliciter*. L'apporto della scienza psicologica araba al medievo latino, in: M. M. Sassi (Hg.), Tracce nella mente. Teorie della memoria da Platone ai moderni, Pisa, 119–138.

– 2008, *Ratio particularis*. Doctrines des sens internes d'Avicenne à Thomas d'Aquin (Études de philosophie médiévale 94), Paris.

DONATI, S. 2009, Albert der Große als Kommentator der *Translatio Vetus* der Schrift *De memoria et reminiscentia* des Aristoteles. Seine Vorlage und seine Kommentierungsmethode am Beispiel von *Mem*. 2, 453 a 14 – b 4, in: L. Honnefelder / H. Möhle / S. Bullido del Barrio (Hg.), Via Alberti. Texte – Quellen – Interpretationen (Subsidia Albertina 2), Münster, 509–559.

– 2011, Alberts des Großen Konzept der *scientiae naturales*: Zur Konstitution einer peripatetischen Enzykoplädie der Naturwissenschaften, in: L. Honnefelder (Hg.), Albertus Magnus und der Ursprung der Universitätsidee. Die Begegnung der Wissenschaftskulturen im 13. Jahrhundert und die Entdeckung des Konzepts der Bildung durch Wissenschaft, Berlin, 354–381.

– 2012, The Critical Edition of Albert the Great's Commentaries on *De sensu et sensato* and *De memoria et reminiscentia*: Its Significance for the Study of the 13th Century Reception of Aristotle's *Parva Naturalia* and Its Problems, in: A. van Oppenraay (Hg.), The Letter Before the Spirit. The Importance of Text Editions for the Study of the Reception of Aristotle, Leiden / Boston, 345–399.

ENDRESS, G. 2012, Platonizing Aristotle. The Concept of ›Spiritual‹ (rūḥānī) as a Keyword of the Neoplatonic Strand in Early Arabic Aristotelianism, in: Studia graeco-arabica 2, 265–279.

GÄTJE, H. 1965, Die ›inneren Sinne‹ bei Averroes, in: Zeitschrift der Deutschen morgen-ländischen Gesellschaft 115, 255–293.

– 1988, Gedächtnis und Erinnerung bei Avicenna und Averroes, in: Acta Orientalia 49, 7–36.

GAUTHIER, R. A. 1985, Préface, in: *Sentencia libri De sensu et sensato*, s. o. unter THOMAS DE AQUINO, 1*–128*.

GRELLARD, C. / MOREL, M. P. 2010 (Hg.), Les Parva Naturalia d'Aristote. Fortune antique et médiévale, Paris.

HASSE, D. N. 2000, Avicenna's De anima in the Latin West (Warburg Institute Studies and Texts), London / Turin.

HONNEFELDER, L. 2012, Albertus Magnus und die kulturelle Wende im 13. Jahrhundert – Perspektiven auf die epochale Bedeutung des großen Philosophen und Theologen (Lectio Albertina 13), Münster.

KING, R. A. H. 2004, s. o. unter ARISTOTELES.

MOREL, M. P. 2003, *Parva naturalia*, tradition grecque, in: R. Goulet (Hg.), Dictionnaire des philosophes antiques, Suppl., Paris, 366–374.

MÜLLER, J. 2001, Natürliche Moral und philosophische Ethik bei Albertus Magnus (BGPhMA N. F. 59), Münster.

– 2006, Physis und Ethos. Der Naturbegriff bei Aristoteles und seine Relevanz für die Ethik, Würzburg.

– 2015a, Memory in Medieval Philosophy, in: NIKULIN 2015, 92–124.

– 2015b, Memory as an Internal Sense: Avicenna and the Reception of his Psychology by Thomas Aquinas, in: P. Porro / L. Sturlese (Hg.), The Pleasure of Knowledge, Turnhout, 497–506.

– (in Vorbereitung), Are intelligibles stored in the soul? Albert the Great between Aquinas and the Arabs, erscheint in: K. Krause / R. Taylor (Hg.), Albert the Great and the Arabic Peripatetics: Translation, Appropriation, Transformation.

NIKULIN, D. 2015 (Hg.), Memory. A History (Oxford Philosophical Concepts), Oxford.

SORABJI, R. 2004, Aristotle on Memory, 2. Aufl., Chicago.

STENECK, N. H. 1974, Albert the Great on the Classification and Localization of the Internal Senses, in: Isis 65, 193–211.

SUDHOFF, W. 1913, Die Lehre von den Hirnventrikeln in textlicher und graphischer Tradition des Altertums und Mittelalters, in: Archiv für Geschichte der Medizin 7, 149–205.

THEISS, P. 1997, Die Wahrnehmungspsychologie und Sinnesphysiologie des Albertus Magnus. Ein Modell der Sinnes- und Hirnfunktion aus der Zeit des Mittelalters (Europäische Hochschulschriften III, 735), Frankfurt a. M. et al.

VAN DER EIJK, P. 1990, Aristoteles über die Melancholie, in: Mnemosyne 43, 33–72.

WHITE / MACIEROWSKI 2005, s. o. unter THOMAS DE AQUINO.

WOLFSON, H. 1935, The Internal Senses in Latin, Arabic and Hebrew Philosophical Texts, in: Harvard Theological Review 28, 69–133.

YATES, F. A. 1990, Gedächtnis und Erinnern. Mnemonik von Aristoteles bis Shakespeare (Acta humaniora), Berlin 1990 [engl.: The Art of Memory, London 1966].

ZIOLKOWSKI, J. M. 2002, s. o. unter ALBERTUS MAGNUS.

Lectio Albertina